Julio Groppa Aquino

CB078594

# Diálogos com Educadores

## Cotidiano escolar interrogado

CÓPIA NÃO AUTORIZADA É CRIME
ABDR
ASSOCIAÇÃO BRASILEIRA DE DIREITOS REPROGRÁFICOS
RESPEITE O DIREITO AUTORAL

Moderna

© JULIO GROPPA AQUINO 2002

**Moderna**

COORDENAÇÃO EDITORIAL José Carlos de Castro
PREPARAÇÃO DE TEXTO Roberta Oliveira Stracieri
COORDENAÇÃO DE PRODUÇÃO GRÁFICA Fernando Dalto Degan
COORDENAÇÃO DE REVISÃO Estevam Vieira Lédo Jr.
REVISÃO Isabel Ribeiro
COORDENAÇÃO DE ARTE Wilson Gazzoni Agostinho
PROJETO GRÁFICO Ana Maria Onofri
CAPA Edimilson Carvalho Vieira
Foto: Bruce Ayres/Stone-Getty Images
DIAGRAMAÇÃO Rodolpho de Souza
TRATAMENTO DE IMAGENS Ideraldo Araujo de Melo
SAÍDA DE FILMES Helio P. de Souza Filho, Marcio Hideyuki Kamoto
COORDENAÇÃO DE PRODUÇÃO INDUSTRIAL Wilson Aparecido Troque
IMPRESSÃO E ACABAMENTO Bartira Gráfica e Editora

**Dados Internacionais de Catalogação na Publicação (CIP)**
**(Câmara Brasileira do Livro, SP, Brasil)**

Aquino, Julio Groppa
Diálogos com educadores : o cotidiano escolar interrogado / Julio Groppa Aquino. – São Paulo : Moderna, 2002. – (Educação em pauta)

1. Educação – Finalidade e objetivos 2. Pedagogia 3. Prática de ensino 4. Psicologia educacional 5. Sala de aula – Direção I. Título. II. Título : O cotidiano escolar interrogado. III. Série.

02-5683 CDD-370

**Índices para catálogo sistemático:**

1. Educação 370
2. Pedagogia 370

**ISBN 85-16-03473-9**

Reprodução proibida. Art.184 do Código Penal e Lei 9.610 de 19 de fevereiro de 1998.

*Todos os direitos reservados*

**EDITORA MODERNA LTDA.**
Rua Padre Adelino, 758 - Belenzinho
São Paulo - SP - Brasil - CEP 03303-904
Vendas e Atendimento: Tel. (0_ _11) 6090-1500
Fax (0_ _11) 6090-1501
www.moderna.com.br
2002

*Impresso no Brasil*

1 3 5 7 9 10 8 6 4 2

# Sumário

# Apresentação

*Teus ombros suportam o mundo*
*e ele não pesa mais que*
*a mão de uma criança.*
Carlos Drummond de Andrade

Clarice Lispector, em um de seus momentos de iluminação, escreve: "Eu sei de muita coisa que não vi e vocês também, eu sei. Não se pode dar uma prova de existência daquilo que é mais verdadeiro". Oxalá este livro possa ser testemunha dessa falta de prova.

No plano editorial, seu propósito é o de dialogar com os profissionais da educação brasileira pela via mais direta possível, como se se tratasse tão-somente de uma conversa informal — e, talvez, essencial — acerca das inquietações que habitam o cotidiano escolar contemporâneo. O desassossego, portanto, é seu aliado inseparável.

Trata-se de um agrupamento de idéias retalhadas, caleidoscópicas e definitivamente não afiliadas a nenhuma modalidade teórica nuclear. Por essa razão, ele não se destina ao universo acadêmico *stricto sensu*. Neste livro não há nenhuma intencionalidade outra além de incitar uma interlocução franca e honesta com o leitor que por ele venha a se interessar. Daí a ausência de citações literais, a pulverização de referências a outros autores, seu despojamento formal enfim.

Em termos de estrutura, define-se como um conjunto de dez textos substanciados com base em entrevistas e depoimentos concedidos a diversos veículos de comunicação, desde jornais e revistas até *sites* e assemelhados. Entretanto, não se trata, de modo algum, da reprodução fiel das falas publicadas. O material foi inteiramente reescrito. Em alguns casos, declarações afins foram aglutinadas; em outros, trechos foram suprimidos ou acrescidos, e assim por diante. Mas, em todos os casos, houve uma desfiguração intencional da "tradução" jornalística, esta em geral aligeirada, instantânea. Objetivou-se, assim, uma certa reapropriação daquilo que, de certo modo, deixou de ser de minha posse um dia. Em suma, o material publicado anteriormente foi tomado como ocasião para a recriação dos textos, desta vez de minha responsabilidade exclusiva.

Os dez textos foram, então, subdivididos de acordo com três frentes complementares: entrevistas, depoimentos e conferência/debate. A primeira frente conta com seis textos mais ao estilo jornalístico. A segunda engloba três outros textos, estes um pouco mais complexos. A última é a retranscrição de uma conferência e de seu posterior debate em um congresso no Rio Grande do Sul. Ao todo, o livro é composto por respostas a 157 questões ou observações dos entrevistadores, exceto no caso da conferência.

Os temas escolhidos ambicionam dar conta de um espectro de inquietações que tomam de assalto os educadores na lida diária das escolas, desde aquelas mais de fundo até as mais prosaicas. São elas: a indisciplina, a violência, a relação professor–aluno, as transformações da juventude, a relação família–escola, o papel das práticas psicológicas no universo escolar, o lugar da docência na contemporaneidade, os sentidos do conhecimento escolar, as inflexões éticas do trabalho pedagógico etc. Tais temas são derivados de escolhas que me pareceram as mais urgentes, e não necessariamente as melhores.

No trabalho de composição deste livro, contei com a interlocução de algumas pessoas queridas. Duas foram as que, pela solidariedade extremada, fazem-me vir a público agradecê-las: Andréa Pimentel e Mônica Mussi.

Por fim, dedico este trabalho a duas criaturinhas que ainda não sabem ler palavras, mas um dia saberão ler o mundo como ninguém: Caio e Lara.

# ENTREVISTAS

# Da Competência à Generosidade Docente

## Qual a essência de seu primeiro livro, *"Confrontos na Sala de Aula"*?

Ele se apóia em minha tese de doutorado, que teve como objetivo investigar o que os alunos das escolas públicas e particulares pensavam sobre seus professores e o que estes pensavam daqueles — desde os primeiros anos da escolarização até o final da universidade. A pesquisa possibilitou-me chegar aos bastidores, digamos assim, das práticas escolares brasileiras, ou seja, aquilo que acontece nas salas de aula e nunca é dito abertamente, ainda mais num trabalho acadêmico. Na primeira parte de *Confrontos na Sala de Aula*, apresento vários discursos teóricos sobre o tema da relação professor–aluno. Destes, o que mais me fascinou foi um texto pouco divulgado de Roland Barthes intitulado "Escritores, Intelectuais e Professores". Quando Barthes trata da relação pedagógica, seu argumento é genial. Ele aponta, por exemplo, que não se trata de uma relação de continuidade, mas de dispersão. Que não há uma relação pacífica entre as polaridades professor e aluno, mas embates ininterruptos entre eles, dadas as distintas demandas de cada um. Por isso, o livro intitulou-se *Confrontos na Sala de Aula*. Em sua segunda parte, com base nos depoimentos que coletei, acabei dissecando uma rede confrontativa, quase bélica, de pequenas ações confrontativas pontilhando o cotidiano.

## Lendo seu livro, é sugerida uma espécie de "guerra" na sala de aula.

E é mesmo um embate simbólico. Porque ali não existe um propósito missionário por parte dos professores, como se costuma alardear. Ser professor não é ser benevolente com o outro. Ele tem de encharcar o aluno de história e, assim, expor sua pequenez. Tarefa impiedosa, cruel em certo sentido. Porque toda criança ou jovem se julga o dono do mundo, um forasteiro que carrega um saber sempre inédito sobre as coisas do mundo. Em outro livro meu, seguindo as pegadas de Hannah Arendt, relembro que todo ineditismo é amnésico. E todo profissional com senso ético sabe disso. A verdade é que não há nada de radicalmente novo sob o sol humano. A possibilidade do novo é sempre a retomada do velho. O novo é sempre uma releitura, portanto. Mas para você reler o mundo, é necessário aprender a lê-lo, assim como o fizeram os que chegaram antes. E esse é o trabalho escolar fundamental.

## Ler os livros, ler o mundo.

É claro. Porque só se pode ler o mundo pelos livros. Lemos o mundo pela imaginação, derivada da experiência dos antepassados testemunhada nos livros. Nunca lemos com nossos olhos, mas com nossa imaginação — esta fruto da imaginação alheia. Esse é, inclusive, um dos equívocos dessa onda construtivista que sobrepaira o discurso pedagógico hoje, em que reina um certo "fazeísmo" espontaneísta. Resultado: os alunos permanecem encurralados em seus saberes/fazeres presentes. Aliás, a mesma Hannah Arendt opõe-se bravamente à idéia de uma educação pragmática. Fazer não é educação. Educação é fazer imaginar — algo certamente sem grande valia prática, mas absolutamente vital à condição humana.

## Na prática, o que é a imaginação na sala de aula?

Imaginar é a contrapartida, por parte daquele que escuta, da narrativa da história dos homens que nos precederam. Toda aula, por mais simples e pontual, é a recomposição narrativa de algo passado. Como porta-voz do tempo, o professor recria os contornos dessa ambiência passada na imaginação presente. Todo professor de física, quando está ensinando, está sendo um pouco Galileu, Newton, Einstein. No ato narrativo, um bom professor consegue, de algum modo, transportar-se para o tempo de Newton, refazendo, na imaginação do aluno, a descoberta newtoniana. Por isso a nocividade do pragmatismo na educação. O que dá lastro ao professor para reinventar, por exemplo, a história da física é a imersão radical naquele tempo e espaço. Sendo assim, acabo compreendendo que todo professor é, em última instância, um professor de história. O professor de história é professor de história da história; o de matemática, de história da matemática; o de literatura, de história da literatura. O bom professor talvez seja apenas um eficiente contador de casos. Recompomos um pouco a saga humana, recortes dela, ao recontarmos os casos que constituíram a história da matemática, da literatura etc.

## Você fala da solidão do professor.

A atividade docente é uma das mais solitárias, porque, no final, o professor é sempre abandonado. Tem de ser. Não há como ser diferente. O repórter, o escritor ou o artista plástico têm alguma permanência, porque, de certo modo, perpetuam sua obra. O professor, ao contrário, não deixa rastros factuais de seu trabalho. Sobram-lhe alguns vestígios esparsos, opacos, indefinidos — uma inscrição invisível na trajetória do outro. Entretanto, à medida que o aluno se apropria do objeto de conhecimento ali disposto, o professor deixa de ter sua serventia. Assim, ele é condenado à solidão e tem de começar tudo de novo, ano após ano, semestre após semestre.

## QUAL É A COLOCAÇÃO DE *CONFRONTOS NA SALA DE AULA* QUE O LIGA ÀS OBRAS SEGUINTES?

As armadilhas do cotidiano escolar. Não penso que o problema da escola brasileira remete a grandes questões abstratas ou metodológicas. São as mais corriqueiras, de relação entre os pares escolares, que atravessam os fazeres pedagógicos. Naquele primeiro livro, fiquei bastante surpreso ao constatar como os professores tentavam moralizar as condutas de seus alunos. Mais tarde, apostei na idéia de que não é necessário moralizar ninguém. Essa não é a tarefa docente. No entanto, havia uma questão espinhosa para os educadores: a indisciplina. Descobri que, até então, o material escrito sobre o tema era frágil do ponto de vista conceitual, e acabei decidindo organizar um livro sobre o assunto — *Indisciplina na Escola: Alternativas Teóricas e Práticas* —, publicado em 1996 e bastante difundido até hoje. A proposta de trabalho foi a de desmistificar alguns clichês, uma vez que a representação de disciplina de muitos educadores ainda é bastante obsoleta, afeita à idéia de disciplina militar mesmo. Ora, não agimos mais com nossos filhos da mesma maneira como nossos pais agiram conosco. Houve mudanças sociais vertiginosas no espaço de tempo que separa essas duas gerações que aí estão. Mas, na escola de hoje, quando se pensa em disciplina, as palavras-chave ainda são obediência, respeito e subordinação. Some-se a isso o fato de que alguns educadores insistem em alegar que essa escola tornou-se um caos em comparação com a ótima e rigorosa escola de antigamente. Essa é uma interpretação bastante duvidosa dos fatos. Afinal, a escola que freqüentamos era extremamente elitista, opressiva e descontextualizada.

## E o que mudou?

Um dos problemas básicos da educação brasileira atual é o de fazer com que as pessoas tenham, de fato, oito anos de escolaridade obrigatória. Depois de trinta anos, os professores ainda mal engolem a premissa de que a escola é para todos. Além disso, alegam que as crianças de hoje em dia não têm limites, que a culpa é da família, e assim por diante. Eles passam então a se sentir na obrigação de encerrar o trabalho incompleto dos pais: dar limites. Não posso concordar com esse *pastiche*. Isso porque toda criança, ao chegar à escola, tem clareza dos tais limites. A pergunta é outra, portanto: Qual o limite do professor na relação pedagógica? Se ele não tiver clareza de seu papel, o aluno responderá agindo de forma igualmente difusa. Outro diagnóstico da questão disciplinar remete à idéia de que a escola deveria modernizar-se, atualizar-se. Mas as escolas não têm de fazê-lo, uma vez que são lugares de preservação do passado, do patrimônio do conhecimento humano. Muitas vezes as crianças perguntam: "Por que sou obrigado a estudar isso?". Eu já ouvi professor perguntar: "Por que sou obrigado a ensinar isso?". Ensinar matemática ou gramática não é algo importante para o homem desse tempo? Quem poderia afirmar isso sem hesitação? Ora, elas são partes do legado humano. Outro equívoco comum aponta para a questão do computador na escola. Computador não é panacéia nem tábua de salvação. As escolas não precisam de bons computadores, mas de bons professores. Imaginação, livro e saliva; computador é só apoio. Educação é relação professor–aluno e sala de aula. O que mais conta é a excelência do professor em recriar o legado da história dos homens, tomando como recorte um campo de conhecimento específico. Ele é ao mesmo tempo um especialista e um generalista.

## ATÉ OS JOGADORES DA SELEÇÃO, PARA SEREM CRAQUES, TÊM DE ESTUDAR A BOLA, AS TÁTICAS E TUDO. E ELES CHAMAM O TÉCNICO DE PROFESSOR.

Porque o técnico se coloca como professor na relação com os jogadores. Isso significa que ele almeja ensinar, a todo custo, os fundamentos do jogo — e isso faz toda a diferença. O problema é que poucos ainda almejam ser professores de fato. E, com isso, as conseqüências sociais são catastróficas para o país, já que as pessoas sem uma escolarização significativa são meios-cidadãos. O fato é que, sem uma boa escola, a vida dessas pessoas passa a ser uma coleção de fatalidades. Por que as seitas progridem tanto neste país? Porque as pessoas não tiveram uma boa escola. Por que há tanta violência neste país? Porque as pessoas não tiveram uma boa escola. É a escolaridade que garante recursos para pensarmos sobre a complexidade de nossa existência. Para sobreviver às armadilhas do presente, é preciso antes enveredar pelos séculos e séculos do conhecimento acumulado. A título de exemplificação, uma aluna minha reclama que não consegue ensinar aos seus alunos adolescentes a literatura do Padre Vieira, ao que lhe proponho: leia-o em voz alta, encarne-o na relação com seus alunos, seja um pouco Padre Vieira. Porque eles só compreenderão a magnitude de Vieira se você fizer com que possam aproximar-se dele, o que só acontecerá por seu intermédio. Tenha excelência no seu ofício, que os outros terão também. Entretanto, os professores são mestres em álibis. A culpa da aula capenga é do governo, da sociedade, dos teóricos, dos pedagogos, da mídia, do diabo a quatro. Em suma, raros são os profissionais da educação que têm clareza ética diante de seu trabalho.

**NO SEU PRIMEIRO LIVRO, O PROFESSOR AVALIA QUE O ALUNO NÃO É BOM PORQUE É CALADO DEMAIS, OU FALADOR DEMAIS, OU OUTRO MOTIVO QUALQUER.**

O aluno nunca é bom, diz-se amiúde. A verdade é que, quando não temos clareza quanto ao nosso papel, o outro acaba representando uma ameaça. Nesse sentido, alguns alunos passaram a ser o bode expiatório da escola contemporânea. Porque o grande problema do mundo, todos devem saber, é sempre o "outro", diz a máxima sartreana. "Nós somos ótimos, os outros são péssimos." Pode isso? Veja o caso dos tais "distúrbios de aprendizagem", um dos álibis pedagógicos mais poderosos atualmente. Vou lhe dar um exemplo verídico: uma professora do interior de São Paulo encaminhou (e isso é estarrecedor!) para avaliação psicológica nada mais nada menos que uma sala inteira de 1ª série. No entendimento dela, absolutamente todos os seus alunos apresentavam problemas psicológicos que os impediam de se alfabetizar. Convenhamos, quem tem problemas de fato nesse caso? O próprio Machado de Assis, há mais de cem anos, em *O Alienista*, já apontava para os desmandos da psicologização do cotidiano. Não penso que a professora em questão necessite de tratamento psicológico, mas tratamento de choque ético. Porque a premissa básica do trabalho em sala de aula é a inclusão inconteste do outro. Afinal, é lá que estamos forjando as pessoas que conviverão com nossos filhos, seus concidadãos.

### *Erro e Fracasso na Escola* toca numa coisa mais do que essencial: a repetência.

Nossos índices de permanência na escola são calamitosos. Na rede pública, há uma perda inexplicável de um contingente de crianças pelo meio do caminho dos oito anos mínimos — o que é uma transgressão a um direito constitucional, por sinal. As que terminam o Ensino Fundamental (e isso se aplica também à rede particular) não poderiam ser consideradas muito além de analfabetos funcionais. Como entender essa catástrofe? Uma educação de qualidade é condição básica para sermos humanos, para não vivermos marcados pela fatalidade, para nos defendermos dos infortúnios que a vida nos traz. Viver não é nada simples. Viver é perigoso, já dizia Guimarães Rosa. A única maneira de suplantar certas passagens da vida é poder pensá-las, tendo a companhia de alguém que já as pensou de alguma forma. As questões de fundo que vivemos já foram vividas por Shakespeare, Rembrandt, Kurosawa — em outro contexto, de outra maneira, mas as mesmas. E o que eles têm a nos dizer? A companhia dessa gente toda no pensamento é o que eu entendo por educação. Muitos apontam que o acesso à informação é a chave da contemporaneidade. Mas a informação em si mesma nada vale. O importante na vida é a capacidade de pensar. Por exemplo: você pode ler o jornal e saber o que está acontecendo ao seu redor, mas não saberá necessariamente o que aquilo significa se não puder decompor as informações, decifrá-las, apropriar-se delas. Isso porque a cognição humana não é sinônima de um depósito de dados. Nela não cabem tantas informações, mas cabem formas diversas de raciocínio — isso que se aprende a exercitar na escola. Numa escola se ensina o que as coisas querem dizer, não o que elas dizem por si só.

## Você fala que as pessoas têm de estar "antenadas".

"Antenadas" criticamente com o fluxo de informações — o que poderia ser traduzido por "inteligência". Inteligência nada tem a ver com a posse de um grande número de informações. Estas nada representam se não puderem ser decodificadas. Inteligência significa alguém, mediante uma notícia sobre a Guerra da Bósnia, por exemplo, abrir janelas para o passado e operar *links* com a desagregação da Cortina de Ferro, com os destinos da 2ª Guerra Mundial, com o século XIX, e assim por diante — o que requer um raciocínio histórico mínimo. Para dar conta do fluxo incessante de informações que designa o mundo contemporâneo, é preciso ter uma escolaridade orgânica, o que só pode ser proporcionado por bons professores. Bons professores que sejam, sobretudo, éticos. E ética significa pactuar com o outro, incluí-lo na cena, jamais colocar sua integridade em risco. E isso se chama generosidade. É preciso atentar para essas coisas. É o que temos discutido, bravamente.

## Gostaria que o senhor explicasse o sentido de seu texto "O Mal-Estar na Escola Contemporânea".

Eu tento demonstrar como as práticas avaliativas acabaram representando um grande problema — aliás, um falso problema — para a educação atual no Brasil. As pessoas acreditam que é preciso sofisticar cada vez mais as estratégias de avaliação, a fim de encontrar uma espécie de formato avaliativo ideal. Isso é de uma estupidez absurda. O grande problema não é o que se mede, mas o próprio instrumento de medida. Para que avaliar tanto? Não vejo outra razão senão a tentativa enviesada de expurgar "tecnicamente" as crianças do cotidiano escolar. Como se resolve essa questão? A meu ver, só com um arrastão ético. Veja o caso da progressão contínua. Um princípio ético-pedagógico e legal bastante arrojado como esse vem despertando reações bravíssimas no professorado paulista, que acusa a Secretaria da Educação de lhe confiscar a única arma burocrática que possuía para disciplinar os alunos: o direito de reprovar. Independentemente das supostas "intenções" do poder público, a aprovação automática — uma idéia muito interessante, em termos pedagógicos — acaba sendo interpretada como mais uma violência contra os professores. Ora, raras são as vezes que eles próprios se colocam a questão: Como eu me relaciono com o outro em sala de aula? Estou mais preocupado com meu direito de excluí-lo ou com meu dever de incluí-lo? Essas indagações acabam apontando para a dimensão ética do trabalho docente. Em um dos livros que organizei, discuto mais explicitamente a questão da ética na escola. Quando evoco essa noção, falo de algo que ultrapassa a premissa da competência teórico-técnica. Estou falando de uma dimensão implícita e, ao mesmo tempo, fundamental da relação professor–aluno. Estou falando da solidez dos vínculos que vão dando forma e sentido às ações ali levadas a cabo. Também tenho falado bastante sobre os acordos. Desaconselho o professor a entrar numa sala de aula sem uma contratualização clara entre as partes, que explicite como as coisas ali vão funcionar. Tenho chamado esse recurso de "contrato pedagógico". Trata-se de um dispositivo interessante, porque ele convoca a ética à relação professor–aluno. E o que é a ética senão a regulação de uma ação partilhada? Outra coisa é o domínio teórico-técnico do que se está fazendo. Se ele não há, é melhor abandonar a profissão, dedicar-se a outros afazeres. A vida é muito curta para quem não exerce seus reais talentos. Se o talento de uma pessoa tiver a ver com a docência, é preciso lembrar que ele não vingará sem uma clara perspectiva de inclusão do outro. Uma perspectiva de generosidade sustentando os atos cotidianos. Acho essa uma idéia-chave: generosidade. Uma idéia forte, inteira, viril. Sem generosidade para com o outro, nenhum ofício vale a pena.

## Você cita Hannah Arendt a propósito do "*pathos* no novo".

Essa idéia tem a ver com o vício escolar de ansiar por qualquer novidade, o novo pelo novo, o novo amnésico. Penso que esse afã de renovação abre caminho para práticas totalitárias, por incrível que pareça. Veja o exemplo da música. Quando você ouve esse tipo de música popular vulgar, na linha pagode ou axé, é impossível não se estarrecer com a pobreza das letras, dos acordes, do estilo. Em suma, esse tipo de manifestação carece de uma sofisticação literária e musical que só é encontrada nos clássicos. Como eu dizia antes, o novo só pode ser uma retomada do passado. Se não, ele não pode ser levado a sério. É então o novo amnésico, que não dialoga com o que o precedeu. E os clássicos têm endereço fixo: escola! Porque Bach, Mozart e Villa-Lobos fazem diferença na vida de uma pessoa. É na vulgaridade que se evidencia a ausência dos clássicos na vida das pessoas. O novo pode até ser uma oposição aos clássicos, mas estes têm de estar lá, mesmo que seja como negação. Onde estão os clássicos nisso que chamamos de cultura popular brasileira contemporânea? Essas "produções" são de um ineditismo terrível, paupérrimo, tristíssimo. Se você não oferece a uma criança a possibilidade de ela refazer, por exemplo, o percurso histórico de uma escola de desenho, ela vai desenhar — salvo raríssimas exceções — sempre do jeito que os egípcios desenhavam. Quer dizer, precisamos ser alfabetizados em tudo. Todas as potencialidades humanas são virtuais, precisam tomar corpo, seja qual for o campo de conhecimento, pelas mãos de um iniciado — que chamamos de professor. Nosso corpo precisa ser alfabetizado, nossos sentidos precisam ser alfabetizados, nossos raciocínios precisam ser alfabetizados. Escola é esse lugar espetacular onde se aprende ao menos a reconhecer as Artes, as Humanidades e as Ciências. Isso que não se aprende em nenhum outro lugar. Quem não tem o requinte do olhar não reconhece os *Girassóis* de Van Gogh ou as cores de Frida Kahlo. E isso faz uma diferença brutal na maneira de olhar a vida. Mas essas coisas todas não valem a pena sem uma discussão sobre ética. Por que educar? Um ser humano não tem envergadura sem essa imersão no mundo ido.

# Escola não é Extensão da Casa de Ninguém

**O que você acha da queixa constante de educadores sobre a falta de limite das crianças e de respeito à autoridade?**

Discordo dessa espécie de diagnóstico aligeirado das idiossincrasias do alunado contemporâneo. As crianças de hoje são mais constrangidas do que nós fomos um dia, uma vez que habitam um mundo muito mais cheio de apelos e cobranças, um mundo paradoxal — mais complexo e mais restritivo do que foi o nosso. Sobre a idéia de desrespeito à autoridade, é preciso lembrar que a criança tem plena consciência quando o mais velho ocupa seu lugar de modo ético, correto, justo. Se ela consegue vislumbrar um exercício ao mesmo tempo rigoroso e generoso do lugar de autoridade por parte do educador, reage a isso, em geral, de modo colaborativo. Se não, perde a referência, e a rota de colisão com as regras instituídas torna-se inevitável. Um exemplo: os alunos saem fora da órbita quando o professor abandona seu posto.

**Ele abandona seu posto para tornar-se o quê?**

No Ensino Médio, existe a mania do professor de querer se tornar amigo. No Fundamental, a de pai postiço. Em vez de apenas cumprir suas funções, as quais se circunscrevem ao universo do conhecimento, ele opta por trabalhar no campo da moralização das condutas dos alunos. E essa não é nem a especialidade nem a vocação docente. Os alunos não querem que seus professores ocupem funções parentais. Se resolvem fazê-lo, acabam gerando uma enorme confusão de papéis. Sou um ferrenho lutador contra a idéia generalizada de o professor ser de tudo um pouco. Isto é, a docência como uma espécie de *pot-pourri* de obrigações, facilmente conversível num vale-tudo profissional. Estou certo de que, quanto mais o professor abarca múltiplas funções, mais abandona seu posto original e mais os alunos se confundem em relação aos seus deveres e direitos. O fato de não contar mais com um modelo unívoco de docência não significa que se tem de multiplicar as funções a ponto de postar-se como um superpai, um superpsicólogo etc. Paradoxalmente, a impotência alegada pelos educadores atuais parece dever-se à sua própria onipotência irrefletida.

**A ESCOLA DE HOJE PARECE ESTAR SEMPRE BUSCANDO NA EDUCAÇÃO DADA PELA FAMÍLIA RESPOSTAS A QUESTÕES QUE APARECEM NA ESCOLA. VOCÊ CONCORDA COM ESSA ORIENTAÇÃO?**

Absolutamente. Os educadores padecem de um equívoco complicadíssimo quando atribuem os males internos de que a escola padece às duas instituições — a mídia e a família — que com ela competem na formação das crianças e dos jovens. As hipóteses explicativas são unânimes e uníssonas: "As crianças não se interessam por escola porque a mídia as corrompeu" ou "As crianças são indisciplinadas porque os pais não têm pulso firme". Ora, uma coisa nada tem a ver com a outra. Estamos falando de registros da vida completamente diversos e que não podem ser justapostos. Se não, para que a recíproca fosse verdadeira, teríamos de inverter a lógica, chegando a algo do tipo: "Aluno indisciplinado na escola torna-se filho malcriado em casa". E isso não faz sentido. Não consigo imaginar que um aluno que esteja enfrentando algum tipo de dificuldade pedagógica tenha, necessariamente, de ter dificuldades domésticas prévias. E a recíproca é também verdadeira, em igual medida. No entanto, o recurso duvidoso de justaposição do "filho malcriado" sobre o "aluno indisciplinado" é quase invariante nas escolas brasileiras. Trata-se, a meu ver, de uma espécie de ladainha da desobrigação profissional.

## Qual deve ser a postura dos pais?

Os pais devem manter distância das salas de aula, do mesmo modo que os professores devem evitar a intromissão na dinâmica interna das famílias, muito menos solicitar auxílio pedagógico. Bilhetinhos para os pais? Nem pensar. Sou contrário à idéia, em meu entendimento ingênua, de uma educação a quatro mãos. É preciso separar os papéis de cada qual. Os pais têm a obrigação de delegar a educação formal de seus filhos aos profissionais responsáveis. Principalmente em escolas privadas, você constata uma intromissão abusiva das famílias no trabalho dos professores. A obrigação parental no que se refere à escola é tão-somente a do encorajamento das crianças para as batalhas escolares — o que, definitivamente, não é pouca coisa.

## Então a família não deve interferir na educação escolar?

A tarefa dos pais, no que diz respeito à trajetória pedagógica de seus filhos, é a de encorajá-los a participar da vida coletiva materializada na efervescência do cotidiano escolar. Na ambiência civil escolar, a criança experimentará vivências importantíssimas: desde os impasses relativos ao confronto com a autoridade e a justiça, passando pela instigante convivência com as diferenças, os conflitos interpessoais etc., até as primeiras investidas sexuais. Trata-se de um universo de descobertas e dificuldades oferecidas pelas relações com os pares escolares e, principalmente, com a figura dos mais velhos. Cabe a estes apresentar à criança o espaço público e suas regras constitutivas. Por vezes, os pais têm certa resistência de delegar essa tarefa e acabam ultrapassando as fronteiras institucionais da escola, argumentando: "Em casa, as coisas não funcionam assim". Nessa hora, eles se esquecem de que o ambiente escolar não é uma extensão do lar de cada um. A escola, portanto, não é o quintal da casa de ninguém. No entanto, se a escola não cumprir seu papel, se as crianças não forem acolhidas como devem, os pais têm todo direito de reivindicar uma melhor prestação de serviços — seja na escola privada, seja na oficial.

## E quando é que a escola não cumpre seu papel?

Principalmente quando ela não dá conta das diferenças de seu alunado. Os profissionais têm o dever de enfrentar os conflitos característicos da natureza pública da instituição escolar na atualidade. Isso significa que os alunos precisam, no dia-a-dia, ter garantido o direito à expressão e legitimação de suas singularidades. Custe o que custar. O aluno não pode ser excluído, ou subincluído, porque é homossexual, negro, deficiente, rebelde, lento demais, ou interessado de menos. Isso porque o mundo público não é homogêneo e a escola também não pode sê-lo. Isso é negar à criança e ao jovem seu direito de ser o que é. O material escolar mais precioso é a fauna humana que o compõe — e estou me referindo aos professores, inclusive.

## E na função de ensinar, transmitir conhecimento, vamos bem nesse quesito?

Grande parte das escolas, principalmente as particulares, ainda está preocupada em apenas preparar seu aluno para o vestibular, despejando sobre ele uma quantidade massacrante de conteúdos. Nessas escolas-empresa, o aluno é tratado, na maioria das vezes, como um consumidor de informação. Vê-se aí uma ansiedade absurda dos pais e professores para que os jovens tão-somente tenham êxito nos exames. É preciso acabar com isso. As crianças e os jovens precisam de calma e vagarosidade. O ócio é fundamental para digerirem os conteúdos com que entram em contato. Que esses conteúdos sejam, portanto, poucos e bons.

## Esse é um critério na hora de decidir em que escola matricular o filho?

O critério que interessa é um só. Pergunte aos profissionais que lá estão se são bem remunerados, se estão contentes com o que fazem, e se continuam estudando — já que a formação pedagógica é perene. Todo o resto é perfumaria, *marketing* empresarial. O sucesso escolar depende do que se constrói nas salas de aula, e quem é responsável por elas é o professor. Ele tem de se postar, de algum modo, como aquele sábio ancião que já percorreu muitos caminhos e pode, portanto, recontar à criança — o forasteiro que acaba de chegar ao mundo — o que os homens pensaram sobre a vida antes de sua chegada. Isso ocorrerá apenas se o professor acreditar que as novas gerações podem ser melhores, mais justas, mais vigorosas que a sua. É dessa idéia esperançosa na raça humana que se faz um bom professor.

## E os alunos? O que eles querem?

Numa só palavra? Professores. Professores que saibam, que tenham o domínio de seu campo de conhecimento e que, fundamentalmente, tenham generosidade nos seus atos cotidianos. Tratamos os alunos com muita truculência. Não os acolhemos por inteiro. Em geral, as dificuldades que as crianças trazem para o interior das relações escolares são tomadas como desvio de um suposto padrão psicopedagógico. Vide a cantilena atual da hiperatividade. Algumas décadas atrás, quem não cumpria com as expectativas e os deveres era considerado "vagabundo"; agora, é um "aluno-problema". Acho preferível a crueza antiga ao cinismo presente.

## Quem é, em geral, o aluno-problema?

É aquele que supostamente padece de comportamento "inadequado" e/ou baixo rendimento, ambos resultantes de "distúrbios". Olhe a nomenclatura que nós, profissionais da educação, adoramos empregar: distúrbio, desvio, anomalia, disfunção, bloqueio, síndrome, déficit etc. Nomenclatura médica para descrever essas crianças?! Então, há uma guerra civil contra essa molecada. Algo muito, muito triste. Minha função principal, como teórico da área de psicologia da educação, é desfazer o conceito de aluno-problema e refazer o de aluno diferente. Menos psicologização e mais eticização do trabalho escolar, por favor.

## Qual é sua opinião, então, sobre o encaminhamento do aluno a especialistas (fonoaudiólogos, psicólogos etc.) feito pelas escolas?

Um horror. Não vejo com bons olhos a epidemia de encaminhamentos que se pode testemunhar na rotina escolar atualmente. Isso porque, na mentalidade pedagógica contemporânea, parte-se sempre do princípio de que os problemas enfrentados na sala de aula têm sua gênese no exterior das relações escolares. Logo, o especialista externo seria aquele que viria salvar a lavoura pedagógica — o que não condiz com a natureza de um trabalho sério, competente e ético. Com essa safra abundante de encaminhamentos, quem de fato lucra com a profusão descabida de laudos, testes, atendimentos?

## Deve haver uma distinção no tratamento dos alunos especiais em sala de aula ou devem ser tratados igualmente?

É óbvio que alunos diferenciados (o que inclui uma vasta gama de possibilidades existenciais, e não apenas os ditos "especiais") merecem uma atenção pontual, mas sempre no plano especificamente pedagógico. Se não, o profissional da educação finda por tornar-se refém das normativas de um especialista externo. Com isso, seu raio de atuação reduz-se sobremaneira. Em outras palavras, não é necessário ser um pouco clínico para desencadear uma ação escolar orgânica e eficaz com tais alunos. Assim, em vez da idéia de igualdade de tratamento, talvez seja mais profícuo trabalhar com a idéia de um tratamento eqüitativo. Sim, todos os alunos devem ser tratados com eqüidade, uma vez que uma escolaridade significativa é direito inalienável de todo e qualquer brasileiro, seja ele especial ou não. Como fazê-lo? Essa resposta cada qual deverá descobrir no dia-a-dia. Eis um dos mistérios da profissão na atualidade.

### E quanto ao conteúdo, como ser um bom professor e prender a atenção do aluno, atraindo-o para a sala de aula?

Não é necessário "prender a atenção do aluno", muito menos "atraí-lo" para os trabalhos. Um bom profissional consegue angariar a solidariedade e a cumplicidade das crianças e dos jovens sem precisar despender esforços sobre-humanos. Basta exercer aquilo em que ele se destaca na vida. Nesse caso, o talento de um professor reside no domínio dos conteúdos de seu campo específico e na destreza com que os presentifica na relação. Exercer esse domínio, de modo generoso e em alto e bom som, é o que amalgama professores e alunos. O resto é conseqüência. É preciso lembrar, ainda, que ao exercer seu ofício com coragem e generosidade, estará ensinando também alguns valores humanos fundamentais.

### Como o professor pode, além de ensinar conteúdos, ensinar valores nas entrelinhas?

Todos ensinamos valores nas entrelinhas do que fazemos — com e pelo outro — todos os dias. O problema está em quais valores ensinamos. A escola atual tem de, necessariamente, propagar os valores de uma cultura democrática, tais como respeito mútuo, liberdade, autonomia, justiça enfim. E devemos fazê-lo por meio daquilo que é intransferível da escola: o conhecimento clássico, via as Ciências, Artes e Humanidades. Tarefa de monta, mas perfeitamente viável.

### Comente esta frase sua: "A ética é aquilo que nos une para que possamos nos diferenciar e, então, para que nosso trabalho possa ser julgado, tanto por nós mesmos, quanto pelos outros".

Todo e qualquer campo profissional está lastreado por um conjunto de ações e valores comuns ou, no mínimo, semelhantes. Nenhum professor, portanto, inaugura inteiramente seus fazeres/saberes. Reatualizamo-los todo semestre, todo dia, toda aula. A isso se poderia chamar, *grosso modo*, de liturgia do ofício. Entretanto, essa reatualização é materializada de modo sempre singular, por cada profissional em particular. Nesse momento, somos únicos, mas sempre atrelados aos princípios éticos que nos antecedem, na condição de representantes de um campo profissional. A lealdade a esse conjunto de regras é o termômetro ético de nossa atuação.

## Mas, e a crise de valores que vivemos hoje? Como você a caracteriza?

Tanto nos lares quanto nas escolas brasileiras, evocar a idéia de crise de valores tornou-se lugar-comum entre pais e professores. Em maior ou menor grau, cada um de nós passou a conviver com essa espécie de descompasso entre o mundo imaginado e os contratempos da vida compartilhada com as crianças e os jovens. Na encruzilhada entre o que a vida supostamente deveria ser e o modo como ela se tem apresentado, dois tipos de sensação parecem nos assolar com freqüência: o esgarçamento de nossa visão do futuro e, por conseguinte, um nítido desassossego quanto ao mundo que abrigará nossos filhos e alunos. Falamos em crise de valores, portanto, quando uma determinada sociedade, em determinado tempo histórico, perde de vista os referenciais basais que a guiaram até então, principalmente no que diz respeito às pautas de convívio entre as pessoas. A conseqüência imediata disso é um misto de estranheza e desconforto em relação ao outro (nosso concidadão, em primeira instância), bem como uma difusa melancolia dos supostos "bons tempos" que não voltam mais — ambas estratégias nefastas, de desvitalização da vida e do diálogo com as novas gerações. No entanto, uma crise de valores não tem um significado necessariamente negativo. Pelo contrário. É o caso, a meu ver, dos processos de democratização das instituições sociais que estamos presenciando nas duas últimas décadas no Brasil. Por exemplo, a atual geração adulta de brasileiros (que hoje são pais e professores) está tendo de educar os mais novos de uma maneira bastante diferente daquela como foi educada, o que é uma imensa conquista, em termos históricos. Mas é preciso lembrar que a democratização social é algo muito mais complexo e delicado do que aquela vivenciada na esfera política. Não se democratizam relações sociais por meio de decretos, leis ou normas. A luta faz-se lentamente no dia-a-dia por parte das pessoas comuns, cujas relações são marcadas pela idéia de diferença (e não de igualdade, como no âmbito político). Assim, não é possível ser democrático no sentido de ser idêntico ao outro no mundo civil. É na diferença, compartilhada e mutuamente respeitada, que constituímos a possibilidade de uma vida coletiva viável, justa, digna. E o que amalgama essas pessoas diferentes senão o respeito pactuado, o companheirismo? No futuro, certamente teremos uma geração mais "sadia", do ponto de vista da cidadania, do que foi a nossa — mesmo que isso não seja ainda tão visível. Isso porque o processo é lento, artesanal, paulatino. Há de se ter, portanto, perseverança, paciência e esperança no porvir.

## Em que medida a família e a escola reproduzem esta crise de valores?

No âmbito da família e da escola, reproduzimos a presente crise (prefiro entendê-la como transição de modelos sociais) quando titubeamos na hora de assumir o lugar de autoridade de modo dialógico, inclusivo, acolhedor — o que acontece amiúde, queiramos ou não. Isso porque, a partir do processo de democratização política do país consolidado na década de 1980, a sociedade brasileira vem presenciando um intenso e extenso processo de reestruturação interna, processo este materializado nas transformações do cotidiano das instituições que compõem concretamente a vida social, com destaque para a família e a escola. Desta feita, as rápidas transformações do mundo contemporâneo, somadas à multiplicidade de modelos e formas de existência disponíveis, principalmente nos grandes centros urbanos, findaram por naturalizar uma espécie de máxima social contida numa canção dos anos 1980: "... o futuro não é mais como era antigamente". E não é mesmo. Ora perplexos, ora reconfortados com essa realidade heterogênea e confusa, temos protagonizado uma ambiência social marcada por uma nítida efervescência civilizatória — o que não significa necessariamente progresso, mas, sem dúvida, uma maior complexidade das relações humanas que dão suporte ao convívio social e a nossas vidas em particular. Tal efervescência civilizatória se faz verificar, principalmente, nas transformações dos hábitos e das condutas das crianças e dos jovens, muitas vezes interpretados como indisciplinados, insolentes, revanchistas, ou o inverso — apáticos, desinteressados, excessivamente conformados.

## De que formas a família pode se preservar disso?

Penso que não se trata de "se preservar" desse momento. Ao contrário. Talvez seja mais profícuo partir da premissa de que nos devemos valer dessa crise de valores. Ela representa, sem dúvida, um momento de reconstrução de nossas vidas, tanto na dimensão pública quanto na dimensão privada. E mais: é apenas vivendo-a com serenidade que se pode obter bons frutos dela. Indaguemos qualquer pessoa, por exemplo, se ela gostaria de trocar de lugar com seus pais ou professores. A resposta é sempre a mesma: é muito mais interessante viver a vida que temos hoje, embora isso às vezes traga incertezas, angústia, conflitos até. É tão-somente o preço de nossa liberdade tão duramente conquistada e, paradoxalmente, tão facilmente corrosível. É inegável, portanto, que pais e professores se têm confrontado com a necessidade crescente e incessante de ressignificação de seus papéis e de suas funções — enfim, sua própria mentalidade. Mais correto então seria dizer que a presente geração de pais e professores (salvo os saudosistas) vem ensaiando uma outra modalidade de relação com os mais novos, distinta daquela baseada nas coordenadas de mando/obediência em que fomos educados. Nesses novos tempos, é praticamente impossível não se indagar: Na lida diária com as crianças e os jovens, o que é possível conservar e o que é necessário transformar? Como dialogar com a novidade do mundo sem espontaneísmo, sem abrir mão das conquistas do passado?

## QUAL É, ENFIM, O PAPEL DA ESCOLA EM MEIO A ESTE MOMENTO DE TRANSIÇÃO SOCIAL?

A escola, não sem razão, é a instituição central dos contextos democráticos. Por quê? Porque nela se vivenciam pautas de convívio que — queiramos ou não — marcam uma diferença radical na vida das novas gerações. Trocando em miúdos, por meio dos conteúdos formais, ensinamos modos de ser e de conviver. São eles valores de convívio plenamente viáveis e amplamente desejados pelos mais novos, a não ser que não se queira vê-los. Essa é a parte mais sutil e, ao mesmo tempo, mais sofisticada do trabalho escolar. Assim, não é de se estranhar que, hoje, bons professores acabem ocupando um lugar simbólico às vezes mais importante do que o dos pais. A escola é, de fato, a primeira instituição pública em que as crianças e os jovens viverão as questões nucleares do convívio democrático. Escola é, portanto, o lugar em que nos capacitamos a viver mais e melhor — o que se aplica tanto aos alunos quanto aos próprios educadores. Há lugar melhor?

# O Delicado Diálogo Entre as Gerações Escolares

## A escola sabe lidar com o adolescente?

Você conhece alguma instituição que saiba lidar com o adolescente? Essa é uma questão complexa. Poderíamos chegar a respostas apressadas, e esse não é o caso. Será que é preciso saber lidar com o adolescente? Ou será que a pergunta deveria ser invertida? A nova pergunta seria: Será que os adolescentes conseguem lidar bem com a escola? Se não, corremos o risco de imaginar que as escolas deveriam ser diferentes para atender aos adolescentes, que deveríamos promover uma educação mais bem adaptada ao seu alunado atual. É preciso lembrar também que todas as instituições têm dificuldade de diálogo com a adolescência. Essa nova configuração de adolescência — como um tempo singular da vida — nem sempre foi concebida assim. Até cinqüenta anos atrás, não tínhamos um mundo organizado em torno da infância e da adolescência, como o de hoje. Alguns autores chamam o século XX de o "século da criança". Poderíamos estender isso para "século da criança e do adolescente". Há, inclusive, um conjunto de leis próprias para eles. Uma lei, por exemplo, do calibre do Estatuto da Criança e do Adolescente seria impensável há trinta anos. Tínhamos o mundo adulto, e ponto. A passagem do mundo infantil para o do adulto era imediata, sem muito dengo ou traumatismo. O que temos hoje é outra configuração: um mundo preocupado com essas duas etapas específicas da vida não-adulta.

## Essa preocupação não é boa?

Ela é paradoxal. Na verdade, a adolescência é um buraco, um *gap* conceitual entre o mundo infantil, com uma lógica própria que reconhecemos razoavelmente bem, e o mundo adulto. Existe um intervalo conceitual em que "ele" não é mais uma criança, mas ainda não é um adulto.

## E essa pessoa não teria, nesse intervalo, necessidades específicas?

Repito: trata-se de um intervalo conceitual que se naturalizou como verdade na contemporaneidade. Quanto às suas especificidades, elas existem na mesma medida em que existem em outras faixas etárias. Sempre há necessidades múltiplas, portanto. São diferentes as necessidades específicas até mesmo de um adulto para outro. O que importa é que, no plano do pensamento, fomos segmentando o viver de uma tal maneira que sobraram necessidades diferentes e inesgotáveis, perenes, que nunca se satisfazem. Basta observar que, se alargarmos essa idéia de especificidade etária, depararemos com o fato de uma criança de 2 anos ter necessidades distintas das de uma de 7 anos, e assim sucessivamente.

## Existe algo que os jovens procuram e que não estão encontrando na escola.

E nem têm de encontrar lá, necessariamente. Volto à sua primeira pergunta. O diálogo escola–adolescência é truncado, porque a escola não tem de ofertar o que a adolescência demanda. Não acredito em uma escola que tente amoldar-se às expectativas imediatas de seus alunos. O que caracteriza a adolescência no mundo contemporâneo é essa espécie de moratória civil, esse intervalo anterior à entrada no mundo adulto, o que antes era assegurado quase automaticamente pelos ritos de passagem. Estes eram dispositivos de iniciação na vida adulta. Num determinado momento, a ex-criança passava por um ritual simbólico — e havia vários desse tipo — que a habilitava a se engajar no mundo adulto. Curiosamente, a adolescência na contemporaneidade vem se estendendo cada vez mais. Para a classe média, o ingresso no mundo adulto não se dá mais antes dos vinte e tantos anos. Já para as camadas populares, a adolescência continua não existindo. Aliás, prefiro a idéia de juventude à de adolescência. A primeira é mais interessante, porque menos psicologizada. Isso porque a noção de adolescência vem sendo cada vez mais naturalizada como uma etapa inconteste do desenvolvimento psicossocial, a partir de determinada idade que começa com a puberdade e tal e que termina ninguém sabe quando.

## E o que seria a juventude?

Penso que a juventude representa essas formas de exercício de habilitação ao mundo adulto — o que chamei de moratória civil. Mas isso para a classe média. A juventude das camadas populares passa direto. Por exemplo, muitas vezes um *office-boy* é arrimo de família. Se você pensar que boa parte das famílias é capitaneada pelas mães exclusivamente, esses jovens acabam tendo um papel fundamental no orçamento mensal ou mesmo, no caso das garotas, na educação dos irmãos mais novos. Em geral, esse estrato da população, quando jovem, já abandonou a escola, tendo cursado, quando muito, o Ensino Fundamental. Quando evocamos a idéia de adolescência e o Ensino Médio, geralmente falamos de um estrato de classe média, média baixa no máximo. Então, o que é a juventude para esse sujeito pontual? Um tempo de ensaio, de capacitação para o ingresso na vida pública adulta. E depois há a universidade e seus longos anos. Dessa forma, se juntarmos o Ensino Fundamental, o Médio e o Universitário, estaremos falando de quase duas décadas até esse jovem estar habilitado a ingressar no mundo adulto. Em resumo, a juventude é uma noção mais interessante, porque ela abrange o adolescente e também esse adulto jovem que ainda não entrou no mundo adulto, no sentido de ter profissão, sustento próprio etc. Enfim, podemos resumir a idéia de juventude como esse tempo de experimentação e habilitação para a entrada no mundo adulto, cada vez mais complexo e competitivo.

## Se o papel da escola não é dar o que o adolescente quer, o que a escola deveria oferecer para ele?

Existe uma armadilha na idéia de estruturar uma escola voltada para os interesses das crianças e dos jovens, que é a de provê-los das atividades que lhes interessam tão-somente. Uma escola juvenil, em outros termos. Um enorme equívoco, do meu ponto de vista. Não temos de ofertar ao alunado o que lhe é de interesse imediato, porque, em geral, seu repertório de escolha é bastante restrito. Fazê-lo seria uma irresponsabilidade. Os alunos têm de ter à disposição possibilidades existenciais pelas quais eles não optaram ainda, uma vez que eles não as conheceram ainda. Um parêntese: você sabe que a escola é bombardeada de todos os lados, e eu estou tentando aqui não fazer isso, mas entendê-la, porque apontar o que ela não consegue fazer gera um tipo de crítica acéfala, demasiado acusatória. Então, por que esse lugar-comum de que a escola não está oferecendo aos adolescentes o que eles querem? Não deveria, de modo algum. No entanto, quando digo que a escola não deveria organizar-se em torno das demandas infantis e juvenis, não quero dizer que ela não deva dialogar com sua clientela. Ela tem de dialogar com seu alunado, mas sempre com vistas a converter essa demanda em algo que o tome de surpresa. E essa tem sido a grande dificuldade. Reconheço, portanto, que temos tido problemas de forma, mas não de conteúdo, necessariamente. Pressupor um diálogo mais afinado entre escola e juventude não significa mudar a escola no que diz respeito às suas ações de base nem aos conteúdos relevantes que temos de ensinar. Definitivamente, não temos de permanecer a reboque dos interesses infanto-juvenis.

## Então, o modo como a educação é levada a cabo deveria sofrer uma transformação?

Temos de dialogar intensivamente com os alunos, mas não no seu diapasão. Ao contrário, devemos fazê-los dialogar no nosso. O que quero dizer é que uma escola não pode estruturar-se em torno dos interesses imediatos da juventude, porque eles nem sempre são virtuosos ou mesmo relevantes. Como exemplo, vou situar rapidamente o que penso do encargo escolar. A escola é o lugar do passado, e ponto. Ela é o lugar de recriação das experiências do passado, lugar em que reencarnamos a história dos homens que nos precederam. E nem sempre o jovem está interessado nisso. Contudo, como podemos pensar no presente sem pensar no passado? Sou, portanto, um crítico ferrenho da proposta de uma escola juvenil, voltada para as questões pontuais do presente. Isso a mídia já faz. Ela é a instituição do presente. Desse modo, estou tentando distinguir a idéia de informação da de conhecimento. Escola não é lugar de veicular informação. Não é mais possível fazer isso no mundo contemporâneo em face do montante quase infinito de dados disponíveis. Por isso, sempre digo que entre a Dolly (primeiro mamífero clonado, em 1997) e o Mendel (monge franciscano do século XIX chamado de "pai da genética") temos de optar pelo Mendel, de tal forma que a experiência da Dolly seja acessível ao homem desse tempo. Sendo assim, só posso conceber a escola como o lugar em que o pensamento estaciona, por um tempo, sobre determinadas questões. Um lugar de repouso mediante a avalanche de dados que nos assola todos os dias. Além do que, nossos *megabytes* cognitivos são muito poucos. Nesse sentido, nas escolas devemos estar mais preocupados em decompor dados informativos do que em os reproduzir tão-somente. Portanto, repito: escola não é lugar de veiculação de informações. É o lugar da desconstrução delas, para que seja possível interpretar o que acontece ao nosso redor, antes dele e para além dele.

## Esse é um papel histórico da escola.

Que não pode ser negligenciado jamais. Mesmo porque as salas de aula são um dos poucos lugares, na sociedade contemporânea, que restam para se fazer essa imersão no pensamento. Em pouquíssimos lugares há essa garantia de intensificação do olhar perante as inflexões da vida. Não estou floreando, não. É isso mesmo. Escola é o lugar em que se pode adquirir o mínimo, ou o máximo, de inteligibilidade sobre o mundo. Isso porque o intelecto humano não funciona com base na aquisição cumulativa de informações esparsas. Ele organiza-se em rede. Sua função, portanto, não é a de ingerir informações, mas de degluti-las, contextualizá-las. Uma pessoa antenada com seu tempo é aquela que consegue compreender, num grau razoável, o que se passa no mundo à sua volta. Não é aquela que toma ciência da informação. Com isso, estou tentando diferenciar cultura geral da sabedoria.

## DE MODO GERAL, TEMOS UM GRANDE NÚMERO DE JOVENS AFASTANDO-SE DA ESCOLA, DESSE LOCAL EM QUE DEVERIAM ESTAR ADQUIRINDO A CAPACIDADE DE LIDAR COM A INFORMAÇÃO. ONDE ESTARIA A FALHA?

O sucesso escolar é garantido principalmente pelas vias informais, ou seja, pelos vínculos que se estabelecem entre aluno e professor. É a arte de um professor ciente de seus deveres o que consegue despertar a curiosidade sobre o passado, aquela instigação do olhar sobre objetos desconhecidos, mas ávidos de decifração — o que pode perfeitamente ocorrer numa sala de quarenta alunos. Não se trata de algo que desponta apenas em situações privilegiadas. No entanto, há de se reconhecer que as escolas se vêm portando de modo demasiado truncado na interlocução com o alunado. Elas parecem ainda estar calcadas numa imagem de juventude de décadas atrás. E o mundo definitivamente não é mais aquele. Se, por um lado, as escolas devem ser um lugar instigante, no âmbito do conhecimento clássico, por outro lado, isso não significa que elas tenham de ser anacrônicas. Há uma diferença radical entre conservacionismo e conservadorismo escolar. A escola é necessariamente um espaço conservacionista do tempo, materializado em alguns vestígios da trajetória humana. Nós conservamos o tempo, porque trabalhamos com alguns saberes que não mudam, que não podem mudar. No entanto, ser conservacionista não significa ser conservador, antiquado ou tradicionalista.

## NESSE PONTO, A ESCOLA FICA DEFASADA?

Há certas coisas no cotidiano escolar que são incompreensíveis, por exemplo, não usar boné, não mascar chicletes, não namorar etc. Gostaria que alguém me desse uma explicação razoável para essas proibições. Qual o problema com essas coisas? Elas não têm importância alguma, do ponto de vista pedagógico — que é o que nos interessa de fato. As pessoas fazem essas coisas em todos os lugares, e por que não podem fazê-las na escola? Há alguns ritos nitidamente escolares, alguns fetiches que são muito difíceis de mudar, porque foram naturalizados no cotidiano. São exemplos de quando a escola deixa de ser conservacionista para se tornar conservadora.

## Em que outros sentidos a escola é conservadora? Em que ponto o conservadorismo pode afastar alguém?

A moralização escolar. Dou como exemplo o caso daquela escola do Rio de Janeiro que expulsou os alunos que fumaram maconha numa viagem de estudos. Não sei se nosso trabalho é legislar sobre os atos alheios. Como educadores, podemos trabalhar preventivamente em relação a esses impasses da contemporaneidade. Se maconha é um tema de preocupação entre o professorado, por que não estruturar a abordagem de algumas disciplinas, ou um projeto interdisciplinar, em torno da idéia de droga? Seria muito interessante que as disciplinas pudessem tomar esses problemas concretos como temas geradores de seus currículos. Esses temas podem perfeitamente se transformar em objeto de debate e reflexão — sempre num sentido não moralista, mas epistêmico. É possível lidarmos com questões palpitantes do mundo contemporâneo, e elas são manjadíssimas: sexualidade, drogas, violência etc. Não se trata de informar os alunos sobre os riscos do exercício sexual sem precauções ou sobre os perigos das drogas, porque muitas vezes eles já dispõem dessas informações. Além disso, não temos o dever de moralizá-los. Nenhum professor precisa colocar-se nesse lugar pontificador de virtudes alheias. No entanto, a eleição de um tema gerador tem de nascer do próprio contexto. Qual é a questão que para aquelas crianças e para aqueles jovens está causando embaraço ou, ao menos, inquietação? O que os mobiliza a aprender, a querer saber mais? Tomemos, de novo, o exemplo do uso/abuso de drogas. Por que não eleger autores e textos literários que versaram sobre a questão da droga? Esse é o papel primordial da escola contemporânea — fulcro da pesquisa pedagógico-escolar, em meu entendimento. Penso que essa é a boa nova que os educadores têm para contar; talvez a única. Assim, é sempre bom lembrar que quando se aponta que a escola é o lugar da tradição, trata-se do passado dialogando com o presente. Muitas das coisas que minha geração ficou fazendo anos a fio nas salas de aula perderam-se completamente no tempo, não têm mais nenhum sentido hoje, absolutamente nenhum. Por isso, constato com freqüência que somos uma geração ressentida com o universo escolar. Minha escola, por exemplo, era completamente disparatada do contexto da época. Permaneci décadas fazendo atividades sem relevância nenhuma. E hoje vejo: definitivamente, não se tratava de conhecimento; era suposto acúmulo de informação. Conhecimento é a vida mesma, em ato.

**Boa parte dos jovens nas escolas continua se perguntando, por exemplo, por que é preciso saber o teorema de Tales ou quais são os órgãos internos da minhoca? Para muitos deles, isso tem servido de argumento para abandonar a escola. Segundo o Ministério da Educação, somente um terço dos jovens entre os 15 e os 17 anos está no Ensino Médio.**

Eles não abandonaram a escola porque quiseram, simplesmente. Há outra dimensão da vida escolar que é muito interessante. A molecada gosta da escola; eles não gostam é da sala de aula. A escola representa um espaço de convivência muito valorizado. Ela é um local muito significativo de trocas sociais, já que lá acontecem as interações entre seus pares e com os mais velhos. É o que podemos chamar de dimensão socializante da vida escolar. É onde eles se encontram, paqueram, transgridem regras. Porque transgredir regras é importante, ser chamado à atenção é importante, ser punido num determinado limite é importante. Essas sanções situam o sujeito no mundo. Isso porque eles estão exercitando a construção de um território moral, do que pode e do que não pode, do que é legítimo ou não, do que é desejável ou não etc. Isso faz parte da juventude. E esse é o efeito socializante da vida escolar. Mais: ele responde por 90% do interesse do jovem em freqüentar a escola. Suponho, portanto, que o fato de esses dois terços de jovens estarem fora da escola não ocorre porque eles não querem estar lá, mas por uma série de outros fatores. Se eles pudessem escolher, boa parte estaria na escola. Quem está fora gostaria de estar lá; quem está dentro não vê a hora de sair. Amarga contradição. Mora aí o impasse da educação atual. Como fazer uma escola que faça sentido para essa moçada? Ninguém sabe ao certo.

## Quem é o sujeito que deveria estar trabalhando para que a escola faça sentido para o adolescente?

Esse é o trabalho de todo e qualquer profissional da educação cônscio de sua tarefa ético-política. É sua profissão e, em alguma medida, sua tarefa existencial.

## E onde eles estariam falhando? É um problema de relacionamento com o jovem?

Sim e não. Eu poderia reiterar uma idéia perigosa, que é a de que os profissionais da educação têm de se aproximar mais da juventude, ser mais "amigos" de seus alunos. Essa é, inclusive, uma demanda onipresente dos jovens. Eles querem professores mais próximos, mais camaradas. Esse tipo de profissional é adorado por eles. Os alunos deleitam-se com professores mais afinados com eles no linguajar, nas vestimentas, nos modos etc. Entretanto, não considero que o professor precise ser semelhante a seus alunos. Nós nunca seremos amigos de fato de nossos alunos. Amigo é aquele a quem de fato nos assemelhamos e, por isso, com quem somos fraternos. Só que nunca seremos semelhantes a nossos alunos. Somos irremediavelmente diferentes deles, por inúmeras razões. E não há problema algum nisso. Posso ter com o outro uma relação de extrema confiança e solidariedade intelectual sem ser necessariamente seu amigo. Quando os alunos pedem professores "amigos", entendo que estão pedindo outra coisa. Estão pedindo alguém que assuma seu posto de maneira inclusiva, generosa, que dialogue com seus conflitos, que respeite suas limitações, que os leve em consideração nas decisões etc., etc., etc. Em suma, uma pessoa que consiga estabelecer vínculos, que consiga dar seu recado, que consiga fazer da sala de aula um laboratório — ou, melhor ainda, um ateliê — daquele campo do conhecimento.

## E por que muitos professores não conseguem fazer isso?

Porque muitas vezes eles lidam, em sua fantasia, com um jovem que deveria portar-se de uma maneira X ou Y. Isso que nem seus filhos conseguem fazer em casa. É curioso que o mesmo sujeito que é pai e professor é forçado, pelas circunstâncias, a lidar com seus filhos de maneira mais aberta, mais dialogada, mais contratualizada; mas em sala de aula ele não consegue agir necessariamente assim. Com os filhos dos outros, é claro. Nossos alunos são muito parecidos com nossos filhos. É preciso não se esquecer disso.

## E quem é esse jovem que o professor tem na cabeça? Com quem ele acha que está falando?

Não sei quem é esse jovem, mas sei que ele não existe de maneira idealizada. Na verdade, temos hoje uma configuração de juventude que tem a nossa cara. Eles não são impostores. Nós os fizemos ser quem são. Paradoxalmente, a geração dos mais velhos — hoje, pais e professores — consumou a idéia de liberdade e diferença, mas acabou concebendo as novas gerações com uma estranheza sem fundamento. O problema do mundo atual não é a juventude, mas os mais velhos. A juventude e suas idiossincrasias são apenas uma resposta histórica ao que nossa geração forjou. Somos de uma geração que recusou a autoridade despótica e muitas vezes queremos que a nova geração valide os restos de nossa autoridade ainda despótica. É como se contemplássemos o fruto da democratização do país que, bem ou mal, é a juventude que está aí, e que vai envelhecer em breve, e nos ressentíssemos do alcance de nossas iniciativas — como se tivéssemos criado alienígenas. E isso não é verdade. De repente, de um dia para o outro, tornamo-nos os idosos para essa geração que nasceu em meados dos anos 1980 ou início dos anos 1990. Sem dúvida nenhuma, eles habitam um mundo infinitamente mais complexo que o nosso. O nosso era dividido entre Ocidente e Oriente, bem e mal, comunismo e capitalismo, ser *hippie* ou funcionário público; ao passo que o mundo contemporâneo oferece possibilidades existenciais de múltiplas ordens. Um mundo mais livre e aberto do que aqueles anos de chumbo da ditadura militar, mas nem por isso livre de contradições profundas, amargas. Parece-me, portanto, que a grande lição deste "admirável mundo novo" quem tem de aprender são os mais velhos. Somos nós que temos de bater a cabeça para encontrar fórmulas significativas de diálogo com os jovens, diferentes daquelas de nossos pais e professores. Como educadores, temos de lhes oferecer estratégias concretas de compreensão do mundo contemporâneo e suas irredutibilidades. O que está em questão, enfim, é o significado de educar na atualidade. O que nos restou? Até a geração anterior à nossa, sabia-se exatamente o que era educar. Nossa geração colocou isso em questão. O que é educar, afinal? Essa é uma questão que os pais se fazem no interior da família, que os educadores também se perguntam de algum modo, e que, mais cedo ou mais tarde, a mídia vai ter de se perguntar também. Arcar com a angústia decorrente da fragilidade dessas respostas representa quase todo o peso da vida nesses tempos incertos.

## Escolas Mais Violentas?

### Na sua opinião, a violência, particularmente dentro das escolas, está aumentando nos últimos tempos?

Essa é uma pergunta-armadilha. Porque dizer não é ir contra as evidências concretas e dizer sim é aderir a essas evidências sem mediação alguma. É uma pergunta complexa, porque a resposta tenderia a ser sim e não. Seria afirmativa do ponto de vista da visibilidade que temos hoje dos eventos violentos. Estão aumentando a exposição e, conseqüentemente, a preocupação relativa a essas ocorrências violentas em escolas. E seria negativa, porque tais ocorrências sempre existiram, de uma maneira ou de outra, e sempre foram administradas, de uma maneira ou de outra. O problema é que hoje não mais acreditamos que seja possível administrar essas questões no interior da própria escola. Por isso, essa visibilidade repentina na mídia. Algo parecido a um pedido de socorro e, ao mesmo tempo, um atestado de incompetência.

### Você acha então que a violência é um fenômeno de mídia?

Vou levantar uma hipótese absolutamente arriscada e temerária: os surtos de violência escolar despontam, em geral, em meados do primeiro semestre do ano letivo — um tempo morno do ponto de vista do noticiário. Isso é curiosíssimo. Por que sempre em abril ou maio esse tema volta a ser comentado? Recordo-me de várias vezes nesses últimos anos em que fui convocado a me posicionar com relação ao tema. Só acontecem conflitos violentos nas escolas em meados do primeiro semestre? Ou essa é a época em que isso ganha maior visibilidade na mídia? Essa temática parece "apimentar" o noticiário, vender bem. Se, por um lado, há um sensacionalismo aí embutido, o que acarreta uma propagação irresponsável de um certo pânico civil, por outro lado, trata-se de um sintoma social interessante: ele indica que violência e escola são imagens antagônicas. Esse horror coletivo que temos da idéia de violência escolar é um termômetro social bastante salutar. Ele demonstra um raciocínio do tipo: "Pode haver violência em todos os outros lugares — já que vivemos em uma das sociedades mais truculentas do planeta —, mas na escola, não! Em escola não pode!".

## POR QUE A ESCOLA SE TORNOU ESSE LUGAR "SAGRADO" EM SE TRATANDO DE VIOLÊNCIA?

Porque escola é, de fato, um espaço sagrado. Sabemos que ela é a ante-sala da democracia. Sem ela, não há democracia que se sustente. E isso todas as classes sociais sabem de um modo ou de outro: educação é passaporte para a cidadania, para uma vida digna. Não há esperança civil sem ela. É por isso que a escola é uma das instituições que, no imaginário social, mais congrega a idéia de confiabilidade. Todos gostam de lá estar, inclusive as crianças e os jovens. Isso porque ela é um lugar em que, de algum modo, eles têm seu espaço civil garantido. E é um local que, a despeito de ocorrências pontuais, ainda é bastante seguro. Veja que curioso: para uma enorme parcela da população, o Estado só comparece na vida do cidadão de duas maneiras — via escola ou via polícia. Por isso, a idéia de universalização do acesso escolar é uma conquista sem precedentes. Hoje, pelo menos o direito a freqüentar o Ensino Fundamental está garantido. O problema é que garantimos o direito de acessar à escola, mas não ainda o direito a uma educação de qualidade. Isso não foi conquistado ainda.

## A violência nas escolas é assunto de polícia ou questão de indisciplina?

Está mais do que claro que o enfrentamento daquilo que temos chamado genericamente de violência nas escolas nada tem a ver imediatamente com a ação policial repressiva. Trata-se de um fenômeno multifacetado, mas que se diferencia dos atos violentos testemunhados nas outras instituições sociais. Assim, convém diferenciar três âmbitos de sua manifestação nas escolas: a incivilidade, a indisciplina e a violência.

## Você já afirmou, certa vez, que a violência é um problema de ética.

Sem dúvida nenhuma. Ninguém é violento de véspera. Ninguém nasce violento. A violência, em geral, apresenta-se como uma espécie de resposta a um conjunto de humilhações silenciosas perpetradas todos os dias. Mas há um senão. Não se pode confundir violência com indisciplina nem com incivilidade. São três âmbitos diferentes. A indisciplina, em geral, sinaliza um protesto pontual a um modo de relação interpessoal. A incivilidade, por sua vez, tem a ver com a idéia de uma recusa genérica, quando se rompem as regras de civilidade clássicas. Isso não é violência ainda. Será quando estiverem em curso práticas ativas de danificação da integridade física ou moral do outro. A violência simbólica, relativa à danificação moral do outro, é algo onipresente nas escolas. E como isso se dá? Por meio da desconfiança renitente de que o outro não seja capaz ou mesmo digno de estar lá, ou seja, de que o outro possa pertencer de fato ao cenário escolar. Temos hoje no país um dilema terrível: escolas públicas que entendem seu trabalho como donativo para os pobres, e escolas privadas que entendem seu trabalho como mercadoria para os ricos. Nem um nem outro modelo é justo ou correto, a meu ver. Isso porque escola é um bem público, sempre — público na acepção política do termo. Um patrimônio de todos e de ninguém em específico. Escola é um direito inalienável, portanto, das novas gerações. Sem ela, não há a possibilidade de participação eqüitativa na vida contemporânea. Alguém sem uma boa escolaridade não participa integralmente do mundo atual.

## De que forma o professor pode lidar com o medo e a insegurança dentro do ambiente de trabalho?

Não creio que o medo e a insegurança sejam predicados absolutos do trabalho escolar na contemporaneidade. Pelo contrário. As escolas são ilhas de pacificidade, se as compararmos com a violência de outras instituições (a mídia, a família, o mundo do trabalho etc.) com as quais interagimos cotidianamente. No entanto, se em determinado contexto escolar as coisas não vão bem, é hora de pactuar com o alunado e a comunidade formas de enfrentamento da questão. Pequenos pactos em torno de uma convivência respeitosa, justa, boa — o que se inicia no interior das salas de aula, todo dia, com cada um fazendo sua parte. E a começar pelos próprios educadores.

## VOCÊ ACHA QUE A ESCOLA, ENTÃO, PODE ADMINISTRAR A QUESTÃO DA VIOLÊNCIA?

Não só pode como deve. O manejo dos conflitos escolares é prerrogativa dos educadores. No dia em que transferirmos a administração dos impasses escolares à polícia, à medicina, à psicologia ou à religião, teremos abandonado a idéia de educação. Porque onde houver educadores de fato, não precisaremos de policiais, médicos, psicólogos, sacerdotes ou coisa que o valha. Esse é um princípio precioso. Mas sempre acreditamos que nossa redenção vem de fora, nunca de dentro. Por que será?

## A SOLUÇÃO, ENTÃO, PASSA PELO PAPEL DO PROFESSOR?

O equacionamento da questão da violência nas escolas reside na possibilidade única de que o conhecimento possa ser tomado como recurso principal de metabolização da vida. Se a escola não é o lugar do conhecimento, qual é esse lugar? E o conhecimento pode ser uma resposta não só à questão da violência, mas às múltiplas inquietações do mundo contemporâneo. Tomemos o caso do uso/abuso de drogas. Isso aponta para a escola. E os cuidados em relação ao sexo? Isso também aponta para a escola. E a questão da ecologia, do cuidado com o meio ambiente, para que exista um mundo viável para as próximas gerações? Isso definitivamente aponta para a escola. Trata-se do que temos chamado de "temas transversais": aqueles assuntos que podem e devem ser tangenciados pelos conteúdos clássicos. Por exemplo, o gosto pelo convívio com a diversidade — um dos pilares da idéia de democracia — é matéria legítima do trabalho escolar. Temos de enfrentar esses temas pela via do conhecimento formal, colocando os saberes escolares a serviço dessa discussão. Nossa tarefa fundamental é a de ensinar as pessoas a serem e conviverem de modo democrático. E isso tudo está encarnado na figura do educador. As escolas são feitas por seus profissionais, e ponto final.

## Qual a diferença entre ato indisciplinar e infracional?

Indisciplina e infração são, a meu ver, ambas burlas de códigos de conduta previamente estabelecidos. No caso da indisciplina, trata-se da burla de um código de regras institucionais. No caso da infração, burla de um código de normas legais. No entanto, elas não são sinônimas. A indisciplina tem um caráter bastante interessante, uma vez que questiona as regras estabelecidas não necessariamente para infringi-las, mas para desestabilizá-las. É aí que surge o papel fundamental dos acordos, combinados ou contratos, como quer que se queira nomeá-los.

## Como o professor deve trabalhar com os chamados alunos LA (liberdade assistida)? A discriminação pode ser encarada como preconceito ou falta de preparo?

A inclusão de todos os alunos (estejam eles em liberdade assistida ou em outras situações "especiais") é, hoje, o grande desafio dos educadores. A despeito e para além do preconceito ou do despreparo — razões muitas vezes combinadas no cotidiano escolar —, a tarefa é uma só: acolher eqüitativamente esse contingente de crianças e jovens para que possamos construir uma escola de fato democrática. Lembremos também que o preparo dos educadores para essa tarefa é algo que se fará na própria ação. Falta de preparo, portanto, não pode ser justificativa para a não-inclusão de tais alunos já em situação de desvantagem pedagógica.

## O policial deve estar dentro da escola ou fora dela, fazendo o policiamento preventivo nas imediações?

A ação policial pode ser um aliado razoável ao combate da violência escolar, mas sempre numa perspectiva preventiva e para além dos muros escolares. O policiamento das imediações pode ser uma boa alternativa, se o *staff* escolar assim o desejar. Caso contrário, a presença policial no interior das escolas pode ter um efeito inverso, de desestabilização dos vínculos entre os pares escolares. Se houver casos extremos de policiamento interno, os policiais devem agir sempre numa perspectiva educativa, e não repressiva.

## Você considera importante a existência de um mediador, totalmente desvinculado do corpo docente e/ou discente, que possa ajudar na busca de soluções para os conflitos existentes dentro da escola?

A proposta de um mediador — que os americanos denominam *peacemaker* — para os conflitos é correta, inteligente e factível. Mas não deve ser posta em prática por um agente externo às relações escolares — um policial, por exemplo. Ao contrário, o mediador deve ser aquele que os alunos respeitem e admirem ao mesmo tempo. Pode ser o diretor, um professor, a faxineira ou a merendeira. Não importa, mas é imprescindível que seja "da casa".

## Você acha válido o argumento que não dá para ensinar porque não há condições? O professor tem condições de superar essa situação?

Um bom projeto político-pedagógico arregimenta o grupo em torno de um trabalho orgânico, o que engloba desde o diretor até a faxineira da escola. Questões como as condições de trabalho, condições sociais, culturais, econômicas, políticas etc. têm um lugar importante no cenário escolar. No entanto, elas não podem ser interpretadas como as responsáveis exclusivas por uma suposta derrocada da profissão — a não ser que nossa anuência seja somada a elas. Mesmo porque, essas questões rondam todos os profissionais, em todas as profissões. Então, por que em educação elas convertem-se em impossibilidade? O que nas outras profissões é desafio, na educação é dificuldade, empecilho, obstáculo. Por quê? A contemporaneidade exige de nós, profissionais da educação, uma visibilidade outra sobre a profissão: um olhar mais plástico, mais aberto, mais esperançoso. Não se trata de negar essas condições adversas, mas de problematizá-las e, se possível, equacioná-las no plano do pensamento, de tal modo que não sejam tomadas como justificativa para a desincumbência profissional.

## Certa vez você falou que escola onde entra o conhecimento não entra droga. É por aí?

Penso que sim. Escola onde há prazer de viver — e isso você vê nas ações dos professores, dos alunos, dos funcionários — é lugar em que o pacto de ensinar/aprender impera. Lugar em que a idéia de conhecimento supera os outros apelos pontuais do mundo contemporâneo. Lugar em que o bom da vida impera. Se imperam outras questões — violência, drogas, seja lá o que for —, o bom da vida está abafado, nublado. Como educadores, temos apenas uma bala na agulha: o conhecimento. Deveríamos acreditar mais que ele transforma radicalmente o mundo, em vez de supor continuamente que tudo conspira contra nosso trabalho. Aquilo que sustenta e faz girar a roda do mundo e engendra o apreço pela vida é o que temos nas escolas a preço de banana: o gosto pelo conhecimento. Está lá todo dia, e pouca gente ainda o quer.

## Como vencer a resistência dos alunos?

Você tem certeza de que os alunos são resistentes? Os alunos são absolutamente porosos para o que quer que se lhes oferte, desde que faça sentido para eles. Se você oferece restos, eles comem restos. Se você oferece um banquete, eles vão comer um banquete, mesmo que ainda não estejam acostumados a isso. Deveríamos nos ocupar menos com os alunos e mais com nós mesmos. Não há porquê tomá-los invariavelmente como causa de nossos contratempos. E, portanto, não creio que haja nenhuma espécie de resistência congênita por parte dos alunos. Qualquer um que envelede em uma escola e decida investigar com o “pior” aluno qual sua imagem ideal de professor, descobrirá que ele vislumbra alguém que goste de sua profissão, que a exerça com competência e, acima de tudo, que trate seus alunos com respeito. Porque escola é isso: é um lugar bom de se estar quando você o toma como seu.

## E como ensinar cidadania na sala de aula?

Como ensinar cidadania? Não há outro modo senão encarnando-a, fazendo-a acontecer em ato. E tratando o outro com a dignidade que ele merece. Tratá-lo dignamente é exercer seu ofício com afinco ético e paixão política. Então, que diretores dirijam, que coordenadores coordenem, e que professores professem, para que os alunos estudem. É isso que temos de fazer acontecer. Eis a tarefa política fundamental de qualquer educador: fazer com que as escolas funcionem em sua carga máxima, a todo vapor.

## Qual sua opinião sobre a medida já aprovada pela Assembléia Legislativa de São Paulo que pretende limitar em 35 o número de alunos por sala de aula da rede estadual de ensino?

Devemos comemorar muito. É um avanço sem precedentes. Desde o início da década de 1970, o magistério queixa-se da explosão do contingente escolar, isto é, do aumento da oferta de vagas e da não-contrapartida de condições satisfatórias de trabalho. Mas muitos se equivocam ao atribuir a responsabilidade da baixa qualidade do ensino exclusivamente à superlotação das salas de aula. Essa é tão-somente a face obscura de uma conquista importantíssima: a universalização do acesso ao Ensino Fundamental — algo que, mesmo depois de três décadas, ainda não conseguimos levar a cabo por completo. A diminuição do número de alunos por sala de aula não irá melhorar automaticamente a qualidade do ensino, mas, com essa nova medida legal, os professores não poderão mais argumentar que o mau desempenho se deve exclusivamente à superlotação das classes. Talvez aí se evidencie, com maior clareza, a complexidade dos fatores decorrentes do processo de democratização das escolas brasileiras. É esperar para ver.

## E por que as escolas não são democráticas?

Porque não conseguem oferecer um serviço de qualidade. O processo de democratização do país precisa ser compreendido de acordo com dimensões complementares: a política, a econômica, a social etc. A última é concretizada no dia-a-dia, por meio de um funcionamento pleno e efetivo das instituições sociais, pelas mãos principalmente daqueles que por elas se responsabilizam. Nesse sentido, os hospitais têm de funcionar, as creches têm de funcionar, os serviços públicos têm de funcionar, e assim por diante. Também as escolas têm de funcionar em sua capacidade máxima, o que aponta diretamente para a dimensão pedagógica do trabalho escolar. A escola deve se democratizar desde o acesso, passando pela permanência e chegando ao sucesso escolar do alunado. Aí então a educação no Brasil terá melhores frutos para mostrar.

## A progressão continuada é desestímulo aos alunos, como alega grande parte dos professores?

Não acredito, sob hipótese alguma, que a progressão continuada seja sinônimo de desestímulo discente. Pelo contrário. Quem discordar disso deveria recordar-se de que desestímulo era aquele ocasionado pela cultura da reprovação, tão patente na história da educação brasileira nas últimas décadas. O que estimula alunos e professores é uma relação instigante e acolhedora no dia-a-dia. A progressão continuada é um avanço que precisa ainda ser metabolizado, digerido no cotidiano pedagógico. Ela representa um ideário impecável, e jamais o grande inimigo da qualidade. Precisamos repensar quem são nossos inimigos de fato.

### A desestruturação da família é fator relevante quando analisamos o comportamento dos jovens no ambiente escolar?

A idéia da "desestruturação familiar", tão em voga no meio pedagógico, é um daqueles lugares-comuns que mais atrapalham do que ajudam. Ela nada tem a ver com a disposição dos jovens para o diálogo e o compromisso com o trabalho pedagógico. Os dilemas escolares precisam ser interpretados de acordo com o âmbito institucional escolar propriamente. Se não, corremos o risco de imaginar uma escola eternamente refém de seu entorno, e nunca vice-versa.

### É verdade, como apontam alguns estudiosos, que o programa pedagógico das escolas está desarticulado da realidade vivida pelos alunos?

Sim e não. Sim, porque as salas de aula parecem não estar conseguindo dialogar com as questões concretas da vida, o que acaba tornando o conhecimento uma espécie de acessório para o enfrentamento da realidade — o que definitivamente não pode ser verdadeiro. O conhecimento é o ingrediente principal do bem-viver. Não, porque o conhecimento recriado nos bancos escolares é algo artesanal, paulatino, e faz-se a longo prazo. Há de se ter paciência e perseverança no que diz respeito aos resultados do trabalho escolar.

## VOCÊ TEM UMA MENSAGEM FINAL PARA OS PROFESSORES?

Já que falamos tanto de violência simbólica, penso que a mais séria delas é aquela em que sua própria dignidade é alvejada, ou seja, quando você violenta a si mesmo. Cada profissional da educação deste país precisaria repensar — caso lhe fosse dada a chance de escolha, mesmo que de modo ficcional — se ele continuaria exercendo esse tipo tão peculiar de prestação de serviço público. Porque essa decisão é condição *sine qua non* para a qualidade de vida pessoal e profissional de cada um, ou seja, é o grau zero da profissão. Se alguém se estiver violentando como profissional dessa área, é melhor recomeçar a trajetória e apostar em outros caminhos. Pessoas que não foram talhadas para a docência prestam um desserviço tremendo ao país. Num segundo momento, uma outra decisão implicaria a disposição para dialogar com as crianças e os jovens. Porque eu creio e julgo que os alunos estão dispostos a esse diálogo. O que constitui a vida desses recém-chegados ao mundo é a disposição para a interlocução com os mais velhos, com as gerações anteriores que representamos. Será que temos esse fôlego? Porque olhar para as novas gerações com desesperança é romper com o pacto civilizatório basal de qualquer povo, em qualquer tempo. E esse pacto tácito é o de cuidar sem descanso dos mais novos. Cuidar, cuidar, cuidar sem trégua dos que chegaram depois de nós e que ficarão depois de nós. Penso que a violência é um aviso disso tudo. Quem não sonha com uma escola sem violência, não deve trabalhar com a educação dos mais jovens.

## Como você caracteriza o problema da indisciplina hoje?

A indisciplina é um daqueles temas que vêm incomodando as pessoas ligadas à educação, seja os pais, seja os professores, mormente estes últimos. Ela tem sinalizado, a meu ver, que os modelos clássicos de educação não têm mais lugar neste mundo onde se solicitam respostas rápidas e originais da criança e do jovem. Nesse sentido, se a tomamos como uma espécie de sintoma de natureza institucional, podemos concluir que uma crise de paradigmas parece assolar o trabalho da escola e da família. Qual o sentido de educar nos dias de hoje? Pelas manifestações disciplinares tão presentes no dia-a-dia, tudo indica que precisamos rever nossos procedimentos e valores, para que se façam valer os propósitos de uma ação educativa contextualizada na forma e significativa no conteúdo. Em geral, sou propenso a considerar a indisciplina como um evento salutar, como uma reação espontânea das novas gerações às práticas educativas instituídas. Isso não quer dizer que se trata de algo necessariamente produtivo. Mas o incômodo que ela causa nos faz pensar, e isso é o que mais conta.

## Mas os professores queixam-se muito da indisciplina dos alunos. É possível enfrentar esse problema de forma diferente?

Só se pode enfrentá-lo com um olhar diferenciado. Antes de tudo, a indisciplina revela um protesto contra uma modalidade de relação levada a cabo nas salas de aula. Em geral, ela

organiza a conduta das crianças e dos jovens. Estou convencido de que indisciplina significa energia não trabalhada, desperdiçada, sem alvo definido.

## QUAL A RELAÇÃO ENTRE A INDISCIPLINA E A SITUAÇÃO ATUAL DA EDUCAÇÃO BRASILEIRA? A INDISCIPLINA É EFEITO OU CAUSA DESTA SITUAÇÃO?

Não é possível supor, sob nenhum ponto de vista, que a questão disciplinar seja causa da atual situação escolar brasileira. Ao contrário, ela pode ser descrita como um dos efeitos do impacto do ingresso de uma clientela diferenciada numa escola de massa que, de certa forma, ainda preserva valores pedagógicos de uma escola de elite, de outrora. Do choque entre ambos, a indisciplina parece ser o desdobramento mais visível: uma espécie de inconformidade, por parte do alunado, aos anacrônicos padrões de comportamento nos quais as escolas ainda parecem inspirar-se. Essa inconformidade é o que vem forçando uma transição do modelo de organização da vida escolar. A indisciplina, em suma e portanto, representa uma demanda legítima por mudanças nessa instituição às vezes tão solidificada e, em certo sentido, ainda elitista. Estamos no meio da transição. No meio do caminho, dirão um dia, havia uma pedra chamada indisciplina.

## QUAL FOI O PERFIL QUE A ESCOLA BRASILEIRA ASSUMIU ATÉ AGORA?

Até os anos 1960, ela tinha um perfil bastante definido. Todas as instituições — escolas, prisões, conventos, hospitais, quartéis e fábricas — pareciam-se de algum modo: eram rígidas, controladoras e segregacionistas. Nos anos 1970 e 1980, a escola foi palco de intensas transformações internas, que a levaram a conhecer o epicentro de uma crise de papéis e funções. Esse momento culminou no surgimento das teorias críticas da educação, condenando a escola como um dispositivo de manutenção da ordem social vigente. Tratou-se de um importante momento de contestação dos conteúdos ensinados e das relações estabelecidas. A partir de então, a idéia de formação da consciência crítica do alunado passou a figurar como um dos objetivos do trabalho escolar. Um propósito relevante, mas passível de engodo. Isso porque não há crítica por si só. O grande sentido da escola reside na premissa do conhecimento clássico. Ele é a matéria-prima, inclusive, do pensamento crítico.

## Então não há motivos para sentir saudades da "escola de antigamente"?

De jeito nenhum. Décadas atrás, a escola era abertamente elitista e segregadora, além de repressiva e conservadora, chegando a ser violenta. Prefiro a escola de hoje, que atende um contingente muito maior da população. Se bem ou mal, trata-se de outro problema. Deixar de ser elitista e tornar-se uma escola de massa foi uma conquista sem precedentes, embora novas conseqüências indesejáveis tenham sido forjadas ao longo do tempo, dentre elas a qualidade duvidosa dos serviços prestados. Eis a próxima pedra no caminho. Um rochedo, por sinal.

## O papel da escola, portanto, não é mais disciplinar?

Penso que há outros propósitos menos crassos. Entretanto, a sobrevivência do trabalho escolar depende da definição de seu papel ético mediante as interpelações do mundo contemporâneo. Isso porque, até o momento, têm-se priorizado seus aspectos administrativo-burocráticos (como a proposta de descentralização) ou didático-metodológicos (como a reforma curricular). É rara uma reflexão mais orgânica sobre o papel global da escolarização, isto é, quais são os valores basais da educação na contemporaneidade. Investigando o que pensam professores e alunos, percebe-se que muitos retomam o antigo papel escolar de ser um espaço de moralização, em que o conhecimento é relegado ao segundo plano — do que discordo completamente.

## A INDISCIPLINA É UM FALSO PROBLEMA PEDAGÓGICO, ENTÃO?

Não, não é um falso problema. Penso que se trata de uma questão factual, mas que não deve ser interpretada como algo em si. Além disso, creio que não se trata de suprimir os contratempos disciplinares. Podemos, no máximo, administrá-los e, se possível, tomá-los como objeto de reflexão. Para que isso se faça a contento, é necessário problematizar a noção de indisciplina desde a base. Quais os sentidos da noção de disciplina? Há um sentido exógeno: uma ação imposta pela subserviência ou pelo medo. Outro é endógeno: uma ação resultante da tenacidade interior. Prefiro a segunda opção: compreendê-la como sinônima de perseverança, envolvimento e satisfação — sem se esquecer de que o conhecimento escolar representa uma possibilidade privilegiadíssima para tal.

## EXISTE ALGUMA DIFERENÇA ENTRE A QUESTÃO INDISCIPLINAR NA ESCOLA PÚBLICA E NA ESCOLA PRIVADA?

Embora as inflexões disciplinares sejam um ponto comum em ambas as esferas do ensino, se há diferenças visíveis, estas só se dão em termos de gradação ou matização do problema.

Isto é, a escola pública enfrenta mais abertamente essa recusa do aluno ao anacrônico padrão pedagógico proposto pela escola contemporânea. Mas não se pode dizer que as escolas privadas gozem de melhor situação. A indisciplina, curiosamente, é um fenômeno que ultrapassa as fronteiras socioeconômicas. Ela é uma marca institucional, e não de classe social.

## Há correntes que afirmam que os problemas atuais de indisciplina seriam causados pelo liberalismo com que se educa hoje em dia.

Trata-se de um daqueles equívocos que se vão naturalizando sem que dele nos demos conta. Julgo falso o argumento de que as crianças de hoje teriam menos limites do que as de antigamente. Não foi a criança que mudou, mas o tipo de repressão a que ela estava exposta. Quando se louvam os antigos modos de educar, corre-se o risco aberto de cometer um sacrilégio. Isso porque eles eram efetivados por meio de ameaça, coerção, subjugo. Quando se supera essa atmosfera repressiva, há de se abolir também o autoritarismo enraizado nas relações cotidianas como um todo. Se hoje ansiamos tanto pela democratização do país, precisamos urgentemente enterrar esse modelo escolar farsesco, pernicioso, excludente.

## Qual o paralelo que se pode fazer entre o "excesso" de autoridade da escola antiga e o "excesso" de liberdade da de hoje?

Não penso que o manejo disciplinar se deva restringir ao tão propalado intervalo dos pólos "autoridade *versus* liberdade" — como se fosse possível encontrar a "justa medida" disciplinar. Educação é sempre ensaio e erro. A meu ver, não reside aí a saída para a compreensão da questão disciplinar. Prefiro pensar na parte que cabe à escola no latifúndio da vida. Desse modo, é preciso lembrar que a infância e a juventude são o tempo da imprudência e da ultrapassagem dos limites — o que é perfeitamente legítimo. Mediante tal evidência, o papel da escola, e dos professores em particular, é o de oferecer a possibilidade de circunstanciamento da energia vital dos alunos em torno de algo concreto e instigante: o conhecimento. Muitos professores, em face de tal "excedente energético", optam por trafegar na contramão das expectativas discentes, tentando conter os alunos via repressão, moralização ou até mesmo sedução. Desaconselho veementemente tais posturas. A administração da energia discente só se dá por meio da oferta do conhecimento — o que, por si só, assenta suas expectativas, estabelece os parâmetros de conduta necessários, oferece um objeto para a curiosidade e, por fim, converte a indisciplina em vontade de conhecer mais e mais. Eis a vocação essencial da escola.

## Há necessidade de uma preparação específica para o professor?

Por incrível que pareça, nos cursos de formação de professores, a questão disciplinar passou a ser um tópico de atenção há pouquíssimo tempo. Não creio que seja necessária uma formação específica para o professor no que diz respeito ao manejo disciplinar, mas é importante que as temáticas afeitas ao cotidiano escolar (tais como: erro e fracasso, sexualidade, diferenças e preconceitos etc.) sejam tratadas, preferencialmente, não só na formação inicial, mas durante todo o trajeto profissional. Afinal, o professor, por natureza e por força de sua escolha, é aquele que não pára de estudar, de se formar tanto em seu campo específico de conhecimento quanto no campo pedagógico propriamente.

## QUAL O PAPEL DA FAMÍLIA E COMO DEVE SER A RELAÇÃO DELA COM A ESCOLA?

Em geral, escola e família buscam, sem sucesso, uma relação de convivência harmoniosa. A escola acusa a família pelas dificuldades dos alunos e vice-versa, estabelecendo-se, não raras vezes, uma relação de atribuição de culpa e auto-isenção de responsabilidades. Penso que talvez seja a hora de definir atribuições precisas para cada qual. E à escola cabe a prerrogativa do conhecimento. Fazendo isso com competência, o resto é conseqüência. É possível notar, no entanto, que os professores têm sido cada vez mais convocados a compartilhar problemas de cunho privado, em geral afetivos, familiares etc. Ora, não é possível que os profissionais possuam um aparato teórico-técnico tão eficaz, a ponto de dar conta de tantas atribuições. Se conseguem fazê-lo, é por efeito colateral, indireto, uma vez que seu âmbito de atuação é reduzido e bastante específico. A cada escola e sua comunidade correspondente cabe, na medida do possível, encontrar canais sutis de diálogo, sempre com vistas ao reconhecimento dos limites e das possibilidades de seus papéis e de suas funções complementares, porém distintas.

## MAS MUITOS AINDA VÊEM A ESCOLA AJUDANDO A EDUCAR.

É um desvio da função docente ensinar à criança padrões morais, normas de comportamento e assemelhados. Há aí uma confusão dos papéis de pai e professor. No entanto, é lugar-comum entre os educadores conjecturar que algumas crianças padeçam de falta de infra-estrutura moral/familiar, suposto requisito para o trabalho escolar. Ora, há hoje uma outra configuração familiar em razão da saída da mãe para o mercado de trabalho, entre outras questões. Mas, mesmo se os educadores estivessem corretos em suas conjecturas, não penso que seria o caso de a escola assumir funções do cuidado familiar. Muitos professores ocupam demais seu tempo tentando moralizar seus alunos, administrar seus hábitos. Considero essa opção, além de um desvio de função, um desperdício de talento. A aptidão docente definitivamente não é essa.

## QUAL A RELAÇÃO ENTRE A INDISCIPLINA E AS DROGAS? POR QUE AS CAMPANHAS ANTIDROGAS NÃO CONSEGUEM ATINGIR SEUS OBJETIVOS?

Embora o campo das drogas não seja minha especialidade temática, não vejo nenhuma correlação imediata entre a indisciplina escolar e o uso/abuso de drogas. Penso que talvez elas tenham em comum a negação do trabalho escolar, do valor do conhecimento propriamente. Dentro dos limites de meu ponto de vista, permito-me supor que a fórmula para a compreensão da indisciplina é a mesma da ocorrência do uso/abuso de drogas: trata-se de uma recusa ao universo social instituído, assim como uma busca de objetos "à margem" da vida nas instituições, quando estas não conseguem ofertar uma visão de mundo e práticas cotidianas compatíveis com as necessidades e inquietações dos jovens de hoje. É preciso dialogar com a juventude, e com tranqüilidade. Essa é a administração possível, e não é pouca coisa.

## EM MUITAS ESCOLAS, O DENOMINADO *SERVIÇO DE ORIENTAÇÃO ESCOLAR* ATUA MAIS NOS CASOS DE CORREÇÃO DO QUE NA PREVENÇÃO. A REVERSÃO DESSA ATUAÇÃO PRODUZIRIA UM MELHOR EFEITO?

## Qual a contribuição e como deve atuar um serviço desse tipo?

Como a própria questão aponta, a ação na escola desse tipo de agente especializado tem sido quase sempre tardia. Tenta-se sanar o prejuízo, por meio da correção retardada. Daí sua ineficácia habitual. Contudo, é impossível negar que os serviços de apoio pedagógico (orientadores, coordenadores etc.) são males necessários na escola contemporânea. A meu ver, uma atuação pautada na prevenção dos problemas, não só disciplinares como também de cunho pedagógico *stricto sensu*, poderia surtir efeitos mais produtivos no cotidiano escolar. Para tanto, talvez o melhor âmbito de atuação desses serviços seria o corpo docente — e não o alunado, como em geral se pensa e se faz. Isso porque, enquanto os professores não tiverem uma certa clareza quanto à compreensão e ao manejo, em sala de aula, das tantas questões que estão implicadas na vivência escolar, os problemas continuarão a pipocar nos gabinetes dos orientadores e afins.

## Numa área de risco, em que os padrões de disciplina são diferenciados, como deveria ser a atuação do diretor?

Se entendo que a questão disciplinar é um efeito potencializado nas salas de aula, estou pressupondo que o protagonista principal é o professor. No entanto, o diretor tem a função imprescindível de oferecer suporte ao trabalho docente por meio da observância contínua do projeto escolar. Além disso, não consigo ver diferenças fundamentais entre escolas nas chamadas "áreas de risco" e escolas em outros enquadramentos socioeconômicos. Isso porque as inflexões disciplinares parecem ser onipresentes e, portanto, independentes das condições conjunturais. Elas são uma resposta à falta de sentido e valor da escola atual, seja ela pública ou particular, central ou periférica. Além disso, não considero que crianças provenientes de contextos complexos tenham necessariamente maior dificuldade em relação à vida escolar. Ao contrário. São elas as que mais merecem usufruir uma experiência escolar tranqüila e acolhedora. Curiosamente, em escolas mais periféricas, os educadores tendem a ser bastante valorizados, mais inclusive do que em contextos privilegiados.

## E o que fazer com alunos que trabalham o dia inteiro? Como incentivar alguém que não está por inteiro na escola?

Gregos ou troianos, os alunos nunca estão por inteiro na escola. Mas podem estar, se observada uma condição fundamental: é preciso que o trabalho escolar faça sentido para eles. Isso só se torna possível quando se consegue demonstrar concretamente que a matemática não é um fetiche, que a gramática está em tudo que fazemos, que a biologia está em tudo que nos rodeia; enfim, que o conhecimento é um olhar ético e estético sobre a realidade. Quando se tem uma idéia clara do cerne do trabalho escolar, o resto é conseqüência.

## Mas essas carências materiais não fazem diferença?

Se o quesito principal para o aprendizado fosse a abundância, não haveria vida inteligente no planeta. Carências materiais não são impedimento para o aprendizado e para o ensino.

traduz-se como recusa a um tipo de vinculação inócua ou obsoleta. Desta feita, é necessário desfazer alguns clichês reiterados pelos professores, como, por exemplo: "O aluno de hoje é mais indisciplinado", "A escola de antigamente era melhor", "As crianças não têm limites por culpa da família contemporânea". É preciso recordar que a indisciplina sempre existiu e que era amplamente reprimida, até de forma violenta. Por outro lado, também é um engano pensar que as crianças não conhecem as regras. Mas ter ciência delas não significa anuência ou validação. As regras vêm sendo questionadas, e não ignoradas.

## As regras continuam sendo necessárias?

Mais do que nunca. Precisamos de regras para viver, só que elas não podem ser arbitrárias. O que tem de regular as relações na sala de aula são os afazeres relativos ao conhecimento. Isso porque, no contexto escolar, é só o conhecimento que pode organizar as expectativas e as condutas da criança e do jovem. Curioso: exigem-se habitualmente corpo e espírito disciplinados, para que se possa disciplinar a mente. Repare que a correlação está invertida: é a mente que disciplina o resto.

## Disciplina-se por meio do conhecimento, então?

Claro. E isso se faz por intermédio de qualquer disciplina — o próprio nome já diz. Penso que os educadores perdem muito de seu tempo tentando disciplinar moralmente o alunado, quando deveriam abordar temas e conteúdos de natureza pedagógica. O conhecimento é o ingrediente escolar por excelência e, se realizado com afinco e competência, ele por si só

Os antigos, por exemplo, ensinavam debaixo de árvores, sem recursos audiovisuais, retroprojetor, livro didático ou internet. Isso significa que se pode converter em matéria do pensamento tudo aquilo que é vivido como realidade concreta. Sendo assim, o objeto do trabalho escolar passa a ser a própria vida, e o objetivo, arrancar o sujeito de uma posição plasmada em relação aos fatos. Ao promover esse olhar de estranhamento, a vida floresce, multiplica-se. Por essa razão, disciplina é efeito, e nunca causa.

# A Cola é Uma Resposta Inteligente a Uma Demanda Tola

## Você afirmou, certa vez, que a cola é um direito do aluno. Por quê?

A existência da cola revela como estão sendo processados, no imaginário do alunado, o sentido e o valor do trabalho escolar. A cola só existe porque se solicitam habilidades duvidosas, como a memorização e a reprodução fiel de uma informação X ou Y. Nesse sentido, a cola passa a ser uma prática legítima à medida que significa uma resposta factível ao que se lhe está sendo ofertado. Costumo dizer, para provocar meus colegas do Ensino Básico, que se trata de uma resposta inteligente a uma demanda tola.

## Que tipo de trabalho a escola faz hoje que leva o aluno a dar esse tipo de resposta?

A escola tende a compreender o aluno como uma espécie de banco de dados, como se sua inteligência se assemelhasse a um acervo de informações, datas, leis, fórmulas etc. Exige-se, ou ao menos se espera, que o aluno disponha de um repertório de saberes que nada têm a ver com sua verdadeira capacidade de pensar. É inaceitável essa compreensão cumulativa do aprendizado em pleno século XXI; menos ainda essa modalidade de ensino "transmissivo". Esse não é o trabalho da escola.

## E qual é o trabalho da escola?

O objetivo escolar básico, pelo menos como eu o entendo, é o de fomentar a curiosidade e a postura indagativa do aluno, por meio da reflexão e do questionamento constantes. Longe de difundir informações ou transmitir dados. É preciso, portanto, distinguir informação de conhecimento. Este não se cola. A bem da verdade, os currículos dos Ensinos Fundamental e Médio não têm como alvo aquele conjunto de dados capaz de habilitar alguém — como se isso fosse possível — a suplantar as questões do vestibular. Essa é uma concepção meio estúpida, mas ainda em voga no meio pedagógico, especialmente o privado. Vale lembrar que quem é bem-sucedido no vestibular é aquele que aprendeu a pensar, a despeito, inclusive, desse tipo de mercadologização pedagógica. E mais: não se passa num vestibular concorrido por causa da pedagogia *fast food*, inspirada nas apostilas de cursinho. Competência, sagacidade e talento intelectual desenvolvem-se já a partir da educação infantil e em qualquer escola — desde que o conhecimento significativo/contextualizado seja uma marca efetiva no processamento das salas de aula.

## Como se desenvolve conhecimento, para além do repasse das informações?

Conhecimento é aquilo que confere sentido ao âmbito informativo, pois o contextualiza no tempo e no espaço. Do ponto de vista do trabalho escolar, nossa tarefa — hercúlea, por sinal — consiste em reinventar boa parte da história do conhecimento humano durante os onze anos de escolaridade básica. Isso porque um aluno de 7 anos tem um raciocínio matemático ou artístico semelhante ao de um pré-grego. Veja o grande dilema humano: nossa história é cumulativa, mas a cognição não. É preciso, portanto, realizar um salto enorme no intervalo exíguo de onze anos: dos saberes da Antigüidade aos do século XXI. E isso é parte integrante do que compreendemos hoje como cidadania democrática. Não há cidadania possível sem estar minimamente conectado à complexidade de seu tempo. Trilhar, recriar e reconquistar a história dos homens que nos precederam passam, então, a ser as funções da escolarização atual. Esse conjunto complexo de descobertas não é passível de repasse ou transmissão, mas de reapropriação ou reinvenção por ambos, professor e aluno.

## Quando o aluno cola, está fazendo isso porque não capta o valor que aquelas informações que estão sendo cobradas têm na vida dele?

Mas será que elas têm valor? Do que nos lembramos exatamente das informações veiculadas nas aulas de geografia na 6ª série, ou nas de português no 2º colegial? Não são esses dados que permanecem na cognição, mas a apropriação de um determinado *modus operandi* do pensamento desencadeado a partir deles. Por isso, considero que a cola acaba representando um direito legítimo, em termos pedagógicos. O equívoco está em solicitar dos alunos a reprodução de um montante de conteúdos dessa natureza. Eles têm razão quando indagam: para que tudo isso, afinal? Porque quando se lhes solicita reflexão, não há como colar. No entanto, você precisa tê-los ensinado a pensar para poder cobrar isso deles. Quem cobra algo que é passível de cola, queiramos ou não, ensinou algo descartável — se é que isso pode ser chamado de ensino.

## Como deve ser então a escola que não levaria o aluno a colar?

Fundamentalmente uma escola reflexiva. É a única escola possível, a meu ver. Porque esses colégios-empresa, que têm como objetivo difundir o máximo de conteúdos que supostamente habilitariam o sujeito a passar num vestibular, não são mais escolas. São centros de preparação de técnicos. Técnicos em prestar concursos. Faz sentido isso? Em uma escola de fato não se ensina o que as coisas dizem, mas o que elas querem dizer.

## Assim se desenvolve então a capacidade de análise?

Claro. Porque se o aluno não tiver esse poder de discernimento, ele acaba se tornando um reprodutor de informação. Ele macaqueia certos conteúdos; ele até compreende o que aquilo significa, mas muito em breve os esquecerá, os apagará de seu repertório. Terminadas as indefectíveis "provas", tudo tende a ser literalmente deletado de sua memória. Isso porque conteúdos dessa natureza não têm ancoragem efetiva na estrutura cognitiva. Resta essa sensação de idiotice mesmo, esse grande sintoma do pensamento contemporâneo. O homem atual é informado, mas não sabe analisar criticamente o que sabe. Ele não sabe mais o que é saber. E isso nada tem a ver com a máxima "saber que não se sabe". Aqui é ignorância pura mesmo. Nada se sabe, e ponto final.

## Como se avalia o aluno para que ele desenvolva a reflexão?

Por que avaliar um raciocínio reflexivo, já que ele não tem ponto de chegada, mas apenas de largada? E mais: para que esse afã de avaliar? O verbo pedagógico é o ensinar, não o avaliar. Mas já que imaginar uma escola não-avaliatória parece ser algo impossível, vamos à questão. O problema não é a cola, mas a idéia mesma de avaliação que a acabou gerando como efeito colateral. A burla revela uma concepção avaliativa burocrática, anacrônica e punitiva. Além disso, é muito difícil você encontrar um processo de avaliação do rendimento escolar que não tenha um caráter meritocrático. Precisamos encerrar, de vez, esse tipo de prática e, talvez assim, não mais nos depararemos com suas conseqüências. O que o aluno nos restitui é diretamente proporcional ao que lhe foi ofertado. Aliás, os hábitos discentes são uma imagem fiel dos usos e costumes pedagógicos desse tempo. Não temos do que reclamar, portanto.

## MAS COMO SABER SE O ALUNO APRENDEU OU NÃO?

A avaliação pode ser informal, menos estereotipada. Que mal há em inventar formas alternativas a essa que conhecemos tão bem? Isso porque todos dispomos de um ajuizamento cotidiano de nosso trabalho. Você sabe quando o trabalho está surtindo efeito ou não. Em alguma medida, você sai de uma aula sabendo se ela deu certo ou não, se atingiu seus objetivos ou não. O problema é que acabamos atribuindo a eficácia da relação apenas ao aluno quando nele isolamos a avaliação. No entanto, o que está em causa aí não é apenas o rendimento do aluno, mas a qualidade do trabalho do professor. Sendo assim, penso que nos deveríamos preocupar menos com o cálculo do desempenho discente e mais com a análise do processo.

## QUE TIPO DE ALUNO O VESTIBULAR LEVA À UNIVERSIDADE? É REALMENTE O ALUNO MAIS PREPARADO?

O produto dos vestibulares é, por sinal, meu próprio aluno. Eu leciono para todas as carreiras de licenciatura. Mesmo na Universidade de São Paulo (USP), que é considerada uma das melhores universidades brasileiras, estou acostumado a encontrar alunos que não sabem de fato interpretar um texto. E a redação? Fora de cogitação. Na verdade, a cultura do vestibular conteudista acabou estruturando um Ensino Médio também conteudista e, por extensão, uma universidade hiperconteudista. Meus alunos das carreiras de Exatas, por exemplo, não têm hábito algum de leitura, além da literatura técnica. Eles têm uma especialização sofisticada — o que seria ótimo, caso eles fossem fazer pesquisa pura o resto de suas vidas. Mas o grande contingente será professor. E aí?

## Que tipo de professor sai dessa faculdade informativa?

Ele tem uma formação específica bastante razoável, mas, se sair de seu campo estrito, encontrará bastante dificuldade de compreensão de outros modos de pensar sobre o mundo e sobre a vida. Contudo, ele terá obrigatoriamente de se relacionar com outros campos de conhecimento em sua formação pedagógica. Até porque um professor de matemática não é um matemático tão-somente. Ele é um professor, antes de tudo. E é aí que mora o perigo, porque essa especialização tremenda acabou criando um "samba de uma nota só": professores aos pedaços.

## O que faz um bom professor?

Ética, competência e generosidade, em meu entendimento. Não só o domínio teórico, à moda daquele relativo à especialização de que eu falava. No mais das vezes, o professor especialista responde bem a uma dimensão do trabalho docente, que é a do domínio dos conteúdos específicos. No entanto, ser um erudito ou um *expert* não garante uma boa docência. É necessário um domínio de outra ordem, agora metodológica. Trata-se de uma dimensão mais de cunho operacional, em que está em jogo um certo saber-fazer. Mas, fundamentalmente, de nada adiantará ser competente nos âmbitos teórico e metodológico sem ser ético na relação professor–aluno. A ética é a dimensão basal, condição *sine qua non* de qualquer relação profissional. Por essa razão, ela ancora as outras duas dimensões, uma vez que oferece a contextualização necessária ao "o que" e ao "como" fazemos cotidianamente nas salas de aula. Ela é o "porquê" fazemos o que fazemos.

## O que a ética implica, nesse caso?

Em linhas gerais, trabalhar no sentido de incluir integralmente o outro no cenário educativo. O que significa isso? O grande problema da educação brasileira, ainda hoje, é a exclusão. Não mais a exclusão explícita, mas aquela velada, por meio da qual se nega o direito de usufruto de uma boa escola a uma parcela espantosa da população escolar. Traduzindo: do contingente de crianças que ingressam e permanecem no Ensino Fundamental, os oito anos mínimos previstos, quantas conhecerão o sucesso escolar verdadeiro? Ora, a garantia de uma escolarização sólida é um direito de qualquer cidadão. Está escrito na Constituição, mas não está naturalizado no senso comum. Desta feita, alguém sem uma boa escolaridade é meio-cidadão, já que percorrerá toda a sua existência à sombra ou à mercê dos outros. Não se pode dizer, com honestidade, que alguém que teve uma escolaridade duvidosa é tão cidadão quanto outra pessoa que usufruiu o que lhe era de direito.

## Por quê?

Porque a educação, além de outras conseqüências, produz uma qualidade de vida diferente. A imersão na história do conhecimento acumulado — que, bem ou mal, o currículo escolar representa — é a base da cidadania contemporânea. A boa vida aprende-se, portanto, nas escolas. E mais: se quisermos um país democrático de fato, a tarefa da inclusão escolar passa a ser o mandamento número 1 de todos e cada um de nós. Só precisamos decidir se, de fato, almejamos essas coisas.

# DEPOIMENTOS

# Professor é Quem Ajuda o Outro a Ser Quem Ele é

## Na sua opinião, é mais difícil ser professor hoje do que foi no passado?

Essa questão comporta uma dupla resposta, dependendo do ponto de vista de que se olha. Ser professor, pai ou mãe trinta anos atrás era mais fácil do que hoje? Sim e não. Era mais fácil porque, em geral, ter a docência como profissão ou educar os filhos era como que reproduzir o modelo que seus professores e pais, por sua vez, já tinham reproduzido dos antigos. As mudanças, quando existiam, eram mais lentas, graduais. Então, poder se espelhar num modelo trazia uma espécie de tranqüilidade, de sossego interior para as pessoas, fosse para aderir a ele, fosse para negá-lo — como é o caso da geração que hoje está à frente dos "postos de poder" pedagógico. Nós tínhamos modelos muito nítidos do que era ser um bom pai, um bom professor etc. Modelos que, na maioria das vezes, foram recusados. Assim, era mais fácil viver naqueles tempos porque, ao menos, havia uma oferta clara e, por extensão, uma decisão que você tinha de tomar: submeter-se, ou não, a um determinado modelo. Hoje não vivemos mais num mundo cindido entre a adesão ou a recusa, entre esquerda ou direita, sexo ou abstinência, e assim por diante. Vivemos num mundo extremamente mais complexo, múltiplo e fragmentário, caleidoscópico, digamos assim — o que causa uma angústia exacerbada, uma vez que acabamos abdicando dos modelos pregressos e, com isso, obscurecendo os pontos de apoio onde ancorar nossa visão de futuro. Entendo que, muitas vezes, grande parte do padecimento docente na atualidade tem a ver com o fato de não sabermos exatamente o que estamos levando a cabo nas escolas, mas, mesmo assim, termos certeza de que estamos fazendo a coisa certa. "O inferno são os outros", sempre. De alguma maneira, todas as pessoas se pensam em seu limite, oferecendo o melhor de si. O problema é que, muitas vezes, o melhor que algumas pessoas fazem é desastroso para a educação no país. Mesmo aquele sujeito que chega à sala de aula e fica o tempo todo contando piada — ou distribuindo cascudos, tanto faz — supõe que esteja fazendo o melhor possível. Isso porque sempre partimos do pressuposto de que todos os educadores são éticos — o que não é verdade. Daí decorre o fato de que estamos perdendo paulatinamente a noção do que é correto, do que é necessário e do que é indispensável na profissão. Por isso, discutir ética em educação é fundamental, para que possamos angariar um certo consenso mínimo do que significa exatamente ser um profissional da educação nos dias atuais. Nós precisamos chegar a um novo consenso profissional, que se irá reconstruir ao longo do tempo, acerca do que são esses novos paradigmas de educação, ou seja, alguns valores basais a que nos devemos apegar. Nesse mundo complexo em que vivemos, dito pós-moderno, de diluição de barreiras precisas entre o estável e o inédito, em geral persiste uma idéia muito maçante de escolarização, traduzida no suposto encargo de instruir alguém para passar no vestibular. Essa visão finalista precisa ser derrocada na educação brasileira. Precisamos matá-la a qualquer custo, ser meio São Jorge. Porque esse é um dragão poderoso, que nós não conseguimos liquidar de jeito nenhum.

**De certa forma, grande parte das escolas, principalmente as particulares, são muito influenciadas pelas exigências do vestibular. Como você vê essa situação?**

Um ensino pautado no vestibular é completamente nefasto para a educação brasileira como um todo. A escolarização não se resume à preparação de um aluno para passar no vestibular nem se justifica nesses termos. No entanto, ainda temos entre nós a imagem do professor de cursinho como modelo de excelência pedagógica. Excelência de quem, cara pálida? Precisamos acabar com isso urgentemente. Professor de cursinho não é educador, ele é tão-somente um técnico muito bem preparado para veicular dicas para passar nos exames. E outra: esse modelo pedagógico não faz mais sentido, porque a oferta de vagas na educação superior é, hoje, maior do que a demanda, inclusive. Não há falta de vagas, com exceção nas universidades públicas. Então, não há porquê estruturar a educação de um país inteiro em torno da idéia de ingresso na universidade. Não é isso que sustenta a educação básica nem tem de ser essa, necessariamente, a destinação natural do aluno egresso do Ensino Médio. A universidade é uma possibilidade, não-exclusiva e não-obrigatória. Mesmo porque, a exemplo dos países desenvolvidos, nem toda a população tem de se dirigir à universidade. O fato é que, no Brasil, freqüentar universidade ainda tem a ver com a idéia de ascensão social, de mudança de patamar financeiro, melhores chances de trabalho etc. — o que, aliás, é um dado verdadeiro. Mas não será assim eternamente. Países com altas taxas de ingresso no Ensino Superior não têm sequer metade de sua população na universidade. "A educação básica e a média estruturadas de acordo com a educação superior." Não tem cabimento uma idéia dessas, uma vez que ela acaba gerando um ensino conteudista, completamente avesso àquilo que vem sendo discutido hoje: um ensino contextualizado, que tenha a ver com a decodificação da complexidade do mundo contemporâneo. E esta concepção é oposta ao paradigma de escola que persiste nos dias de hoje: um *locus* elitista, conteudista e repressivo. Uma tríade deveras explosiva, seja na escola pública, seja na escola privada.

### Mas, o próprio vestibular, ou pelo menos uma parte dele, não está exigindo, de uns tempos para cá, outras habilidades do aluno, e não só o conteúdo por ele mesmo?

São raras as exceções. Mas a questão não é essa. Estou frisando o fato de que é incorreto estruturar a educação inteira de um povo, de um país quase continental como este, em função de alguns que vão passar no vestibular. Seria o mesmo que organizar toda a formação médica de um país em torno da cirurgia plástica. Pode isso? O vestibular é conseqüência, não é causa. Ele é um detalhe distante no horizonte de uma enorme parcela da população e uma pedra no caminho de uma parcela ínfima de brasileiros. É desonesto, injusto e antidemocrático, portanto, organizar toda a educação básica de um povo em função da esfinge do vestibular. É algo elitista demais da conta. Não tem cabimento.

### O que você tem a dizer, então, dos cursos preparatórios para o vestibular?

Vou recompor o cenário surrealista de todo início de ano letivo. Nos jornais, saem as listas de aprovados nos vestibulares mais concorridos, e despontam alguns gênios de ocasião. Estes se tornam celebridades instantâneas e logo depois são esquecidos para todo o sempre, amém. É hora também de as tantas corporações mercantilistas do ensino privado, denominadas "cursinhos", reforçarem suas estratégias de *marketing*. É hora de vender o "peixe malcheiroso" do ensino dito preparatório para as próximas provas infernais de meio e final de ano. Uma legião de adolescentes de classe média, maravilhados com a possibilidade de se tornar "alguém" na vida, despeja passivamente milhões de reais nos cofres de pessoas que nunca sabemos ao certo quem são. São corporações sofisticadíssimas — exceto raras iniciativas de cooperativas de alunos universitários voltadas aos candidatos das camadas populares, com propósitos louváveis mediante a injustiça do vestibular. Mas o vestibular continuará sendo injusto, enquanto existir. Mesmo que tivéssemos uma escola básica, pública e/ou particular, com padrões de qualidade semelhantes, ainda assim o inferno dos vestibulares persistiria. E por uma simples razão: os critérios de seleção para a universidade visam claramente à excelência dos candidatos. Portanto, a exclusão é mais do que inevitável; ela é desejada. Lógica oposta é a do Ensino Fundamental, que visa à universalização. Enquanto o Ensino Superior se destina a poucos, o Ensino Básico deve ser ofertado a todos. Entre as lógicas opostas da elitização e da massificação, mora o vestibular. Moram confortavelmente também os empresários dos cursinhos. Atualmente, o país oferece pouco mais de um milhão de vagas universitárias a 4 milhões de candidatos. Os números absolutos (quatro por um) não assustam tanto se comparados à concorrência em determinados cursos de algumas universidades públicas. Em casos como medicina, jornalismo etc., esse número se faz multiplicar vinte vezes. Isso significa que milhares de candidatos não verão seus nomes nas listas de aprovados de um vestibular concorrido. Os mesmos milhares de jovens que alimentaram os proprietários de cursinhos a pão-de-ló. Compraram lebre e nem gato levaram.

## Você falou em ética dos professores. Que tipo de falha ética nós temos em nosso corpo docente?

Eu poderia apontar várias, mas vou ater-me a uma só: a de supor, e depois ter certeza, que o meu parceiro de jornada não é capaz, e ponto. Eis a falta ética maior entre nós: a desesperança e o descrédito em relação ao outro. Além disso, ou em razão disso, acabamos nós próprios padecendo de uma certa incredulidade quanto ao trabalho docente. E como isso se dá? Vejamos o caso da medicina. Espera-se de todo médico, quando ele se posta perante um doente, que ela tenha a convicção de que o outro sobreviverá, melhorará ou se curará, a partir da intervenção no corpo dele. Isso significa que eu não posso colocar, em hipótese alguma, a vida do outro em risco — e isso, leia-se, nas mais diferentes dimensões. Então, toda vez que um professor se posta na relação com seus alunos com desconfiança, revanchismo, apatia ou negligência, ele está colocando a vida civil do outro em risco, mesmo que este nem se dê conta disso ainda. O aluno só descobrirá o peso disso muito mais tarde, quando ele deparar com um limite intelectual que poderia ter sido suplantado antes, em sua formação. Por que não falamos direito nossa própria língua se tivemos aulas de português desde a infância? Por que não falamos inglês se tivemos aulas disso por anos a fio? Por que não compreendemos inteiramente as notícias de um jornal, por exemplo, se tivemos infindáveis aulas de história, geografia, biologia, matemática, física? Bem ou mal, devemos a qualidade de nossas vidas aos professores com que deparamos em nossas trajetórias. A possibilidade, diga-se de passagem, de este texto estar sendo lido e compreendido é fruto de um hábito de análise e interpretação que foi aprendido em sala de aula. Aprendido porque ensinado, certo? Nós não temos a mínima idéia do que significam exatamente nossos professores em nossa história pessoal. Há uma pilha deles embutidos em nossas vidas. Silenciosos, opacos, como uma espécie de fantasma que nos guarda vida afora. São aquelas pessoas que nos ensinaram a ser quem somos hoje. Aquelas pessoas que nos ensinaram a compreender a complexidade e a beleza trágica da vida. Enfim, aquelas pessoas que nos ensinaram a pensar. E se a sala de aula não é um lugar do pensamento, então ela é o quê? Qual é, hoje, o espaço social onde ainda se pensa? Eu posso estar equivocado ou esperançoso demais com relação às salas de aula, mas acabo concluindo que elas são, no mundo contemporâneo, o único lugar em que o pensamento pode parar um pouco para deglutir a realidade heterogênea que nos cerca ou que nos habita. O resto é desmanche do pensamento, idéias desconexas, pedaços de sentido. Um exemplo disso é o que faz a mídia: um bombardeio de informações que, se não forem decodificadas, nada valem. E aprendemos a decodificar o mundo nas salas de aula. O mundo, suas armadilhas, suas maravilhas, seus enigmas.

**Ligado a essa diluição de modelos nítidos que você ressaltou, e dentro desse novo projeto de escola que se tenta desenvolver, nós notamos que um dos maiores dilemas dos professores parece ser o de conciliar a imposição de limites com o incentivo à autonomia e liberdade entre os alunos. Como equacionar essa situação?**

Liberdade e autonomia não se outorgam. Não são concessões, mas desdobramentos possíveis das relações entre as pessoas. Algo que se constrói de uma mesma maneira, em qualquer espaço da vida. Não tem segredo. A fórmula é meio parecida, sempre. Eu só me rendo à proposta do outro se ela fizer sentido para mim, se ela representar alguma promessa de conquista e expansão pessoal. Porque liberdade e autonomia são estados derivados da heteronomia e do aprisionamento, por incrível que pareça. Existe um aprisionamento inevitável ao outro, uma vez que não há emancipação de véspera. Explico-me. Quando, por exemplo, dedico-me a ler um texto, um texto bem escrito, estou me aprisionando a ele, isto é, estou me sujeitando ao escritor para poder, ao final do texto, dialogar com ele, afirmar que gostei, que não gostei, concordar ou discordar de seus pontos de vista etc. Isso significa que eu só conquisto uma certa liberdade e autonomia no plano do pensamento a partir do momento em que eu me "heteronomizo", digamos assim. E esse movimento é processual, garantido à medida que posso deduzir da ação alheia uma promessa de liberdade e felicidade — liberdade porque o professor passa a ser prescindível; felicidade porque o mundo do aluno se amplia nesse momento. Trocando em miúdos, o outro se sujeita para poder se tornar sujeito. É meio assim que a vida funciona, em meu entendimento. Trata-se do custo e do benefício de se conviver com os outros. Em escola, isso só é garantido com bons professores, com pessoas que saibam o que estão fazendo lá, que não abandonem seu posto, que tomem seu ofício como uma espécie de estratégia ímpar da existência. Só que, de professor "meia-sola", o mundo está cheio. E veja que eu nem sequer estou falando de maestria, de grandes referências existenciais, morais etc. Falo só de gente supostamente correta, que vai lá e dá a sua aula. Esse é o profissional "meia-sola" da educação. No entanto, há algo excedente no que fazemos todo dia, algo que estou associando à idéia de ética docente. Vamos por partes. Nas linhas do trabalho pedagógico, é o conhecimento formal que está em questão, mas nas entrelinhas, há uma visão valorativa de mundo que estamos desencadeando na relação com o outro. Queiramos ou não, estamos ensinando um jeito de ser, estamos nos oferecendo como um modelo identificatório para o outro — ou contra-identificatório, muitas vezes. Um professor, portanto, é uma peça fundamental no quebra-cabeça da vida das pessoas; às vezes, muito mais importante do que os próprios familiares. No dia-a-dia, há uma mensagem cifrada e silenciosa em tudo o que fazemos. É isso que eu estou nomeando como entrelinhas. A matemática, a literatura, a língua inglesa ou a física são ocasiões para eu ensinar o outro a pensar de uma determinada maneira, uma vez que esses saberes são necessários para uma possível decodificação mais alargada do mundo. Contudo, não se trata apenas de uma maneira de pensar, mas também de se posicionar diante do mundo. Nesse sentido, o professor de matemática tem um pouco as feições da matemática. Ele é o próprio discurso da matemática reencarnado na relação com seus alunos. E veja que coisa interessante: bons professores são meio esquisitos, meio aloprados; eles definitivamente não são pessoas comuns. Eles têm um toque de excentricidade. São criaturas um tanto atípicas, em alguma medida. E o que significa esse toque de excentricidade? A prerrogativa de ver poesia nas equações matemáticas, de ver beleza nos advérbios, de ver transcendência nos fenômenos naturais. Esse entusiasmo sem fundamento só tem quem é apaixonado pelo trabalho de ensinar e que acaba conseguindo contagiar o outro para além do nível informativo. É aquele que consegue, mais cedo ou mais tarde, mostrar para o outro que a profissão que elegeu tem a ver também com um modo de olhar o mundo. Um olhar que ultrapassa o aqui-agora dos conteúdos e que remete ao encantamento pelo âmbito de certas idéias. Tanto isso é verdade, que grande parte das escolhas profissionais dos adolescentes tem a ver, direta ou indiretamente, com um gesto existencial testemunhado na relação com determinado professor, e que se aparentava aos conteúdos da física, da geografia, das artes etc. Eu escolho a física como carreira, mas é como se eu estivesse dizendo em alguma medida: "Eu quero ser parecido com essa pessoa que escolheu a física como um jeito de estar no mundo". Desse modo, retomando a pergunta inicial, não é necessário impor limites ao outro. Limites são efeitos colaterais da relação que eu estabeleço comigo mesmo e, por conseqüência, com os que me rodeiam. Isso porque, quando estou exercendo meu ofício com dedicação, entusiasmo e respeito, eu posso cobrar o mesmo do outro. Eu posso ser rigoroso com o outro, ríspido até se necessário, desde que eu cumpra minha parte. É possível ser competente nas linhas, mas ético só se é nas entrelinhas. Porque a ética é derivada da relação vital que se tem com a vida, o que compreende a relação que se tem com o trabalho e com aquilo que ali se ensina. Resumidamente, o ato docente tem de ser uma ocasião significativa tanto para o aluno quanto para o professor. Um duplo golpe existencial, digamos assim. Se não, não há significado exterior que o sustente. E isso qualquer um enxerga nitidamente na cozinheira que faz um belo prato, no escritor que escreve um belo texto, no professor que ministra uma bela aula etc. Precisará então o professor impor limites aos seus alunos? Pelo contrário. Eles se sujeitarão ao professor, conquistando, de quebra, sua presumida liberdade.

## No começo do ano, o governo anunciou um investimento de R$ 500 milhões na compra de computadores para as escolas públicas brasileiras. De que maneira eles devem ser utilizados para contribuir com o aprendizado?

O computador é uma ferramenta tão-somente. Por meio dele, você atinge, no máximo, o campo das linhas, jamais as entrelinhas. Computador não comunga com ética. Do mesmo modo que a partir de um determinado momento histórico o mundo pedagógico precisou se valer dos livros, é bem possível que hoje ele tenha de se valer também dos computadores. No entanto, eu antevejo um papel bastante restrito para esse tipo de recurso metodológico no dia-a-dia escolar, já que o uso do computador e o acesso à internet não precisam ocorrer necessariamente na sala de aula. Eles já acontecem fora dela — claro que me refiro às escolas de classe média. Na contramão dessa suposta atualização metodológica, imagino que, no contexto escolar, nós possamos arriscar um trabalho contrário à avalanche de informações. São poucos os temas que devem ser ensinados ali. Por isso, tenho evocado a idéia de uma escola minimalista. Uma escola de alguns conteúdos mínimos, fundamentais e digeríveis sem tanta pressa. Sala de aula é o lugar em que o mais velho pára diante do mais novo e conta as histórias dos homens que nos precederam. Desse modo, o dispositivo básico do trabalho escolar é a narrativa, e não a informação computadorizada. Portanto, computador na escola? Mal não faz, mas também não traz nenhum bem em si mesmo. Em geral, crê-se que o computador possa angariar alguma agilidade histórica ao tempo escolar. Mas escola é, definitivamente, um trem lento. E tem de ser. É imprescindível que ela aconteça devagar, para que seja possível admirar a paisagem humana. Isso porque o tempo da construção do pensamento é paulatino, artesanal e sempre mediado por uma relação singular entre aquele que ensina e aquele que aprende. Sabe o encontro entre criança e seu avô, em que este conta àquela como a família era antes? É meio isso que fazemos. Nós recontamos do que a família humana é feita, isto é, o legado dos homens que se foram, dos quais herdamos aquilo que chamamos conhecimento — o que comporta conquistas incalculáveis e seus reveses. Contamos as histórias da matemática, da química, da biologia etc. É isso o que faz um professor ciente de seu papel ético-político.

## Mas o nosso professor está preparado para utilizar esse novo meio em sala de aula?

Não importa. Não é isso que está em questão. Às vezes, penso que o computador, no imaginário escolar, aparece como uma espécie de professor "bacana". Um professor que não cobra, que não discute, que não se diferencia dos alunos, um executor apenas dos interesses discentes. E o professor concreto é o contrário disso: ele cobra, incomoda, não responde aos interesses imediatos dos alunos, oferece coisas que na maioria das vezes os alunos não querem ainda. No entanto, o professor faz o outro descobrir que aquilo que este supunha não querer é exatamente do que mais tarde passará a necessitar. O professor faz o aluno descobrir um entusiasmo por um determinado conjunto de coisas que ele desconhecia até o momento. Enfim, o professor concreto não se ajusta às demandas discentes; ele reinventa-as. Já o computador não: ele dá conta daquilo que o aluno já sabe que sabe, daquilo que ele já sabe de que gosta, daquilo de que ele já tem domínio. Enfim, o computador oferece sempre mais do mesmo. Mas a plasticidade do olhar, a faísca da curiosidade, a descoberta de outros caminhos do pensamento nós aprendemos exclusivamente nas relações entre os homens. Desde que o computador não substitua a arte docente, desde que ele não seja idealizado como uma alternativa à presença ativa do professor, tudo bem. Trocando em miúdos, eu atribuo uma nítida pontualidade à apropriação escolar do computador como recurso pedagógico ou fonte de consulta. Os grandes pilares da experiência escolar ainda são os bons e velhos livros, esses sustentáculos do amor às idéias, esses testemunhos do esforço humano de ultrapassagem de si. Os computadores não recriam idéias, ou melhor, apenas reproduzem as antigas. Deveríamos preferir, portanto, as bibliotecas, seus silêncios e mistérios.

**APARENTEMENTE, ATIVIDADES LIGADAS AO ASSISTENCIALISMO E AO VOLUNTARIADO ESTÃO GANHANDO MAIS ESPAÇO EM PARTE DAS ESCOLAS PARTICULARES BRASILEIRAS. VOCÊ CONCORDA COM ESSE TIPO DE PRÁTICA?**

Eu não sou um adepto desse afã voluntarista que existe hoje em alguns círculos da sociedade brasileira. Mais parece má consciência da classe média. Em meu entendimento, voluntariado tem a ver com uma certa desorganização da sociedade civil, em virtude de seu caráter individualizante. Algo bastante diferente dos movimentos sociais organizados que, por sua vez, dão conta de iniciativas que preservam o senso de coletividade e emancipação. Voluntariado mais me parece algo passageiro e inconsistente. Quando as madames do voluntariado brasileiro se cansarem de brincar disso, aí a classe média pára também. Eu gostaria de ver engajamento efetivo dessas pessoas a causas e movimentos sociais de fato organizados. Isso é o que me encanta. E eu não sei se é trabalho da escola fazer os alunos engajarem-se a projetos de voluntariado. Talvez fosse trabalho da escola tematizá-los, problematizá-los. O grande interesse que eu vejo em a escola lidar com essa dimensão mais social da vida é o de transformá-la em objeto de estudo. Quando falamos em ética e cidadania como temas escolares, estamos falando em transformar os conteúdos clássicos em ocasião para discutirmos o que significam ética e cidadania neste país hoje. Trata-se de uma escola muito mais antenada com seu tempo, que não precisa prosseguir com os conteúdos monocórdios de matemática ou português dispostos placidamente na lousa ou nas apostilas — que são a mesmíssima coisa, no final das contas — e, paralelamente, organizar um projetinho de voluntariado, com o objetivo de acrescentar um temperinho social, um glacê socializante ao insosso bolo escolar. É o recheio — o que lá se veicula diariamente — que tem de ser crítico, astuto, contextual. É o que a escola pode fazer, é o que só ela sabe fazer, e é o que ela tem de fazer bem.

**Porém, ao que me parece, atividades como essa podem, sim, contribuir em muito com a formação de jovens mais críticos.**

Mas o interessante é fazer isso não em uma disciplina específica, ou como algum projeto à parte, mas em sala de aula, todo dia, toda hora. Problematizar uma questão, por exemplo, como a vida dos favelados e, partindo daí, produzir química, literatura, história. Isso significa poder ler o mundo contemporâneo a partir dos olhos das Ciências, das Artes e das Humanidades. Como converter os conteúdos clássicos da física, da geografia ou da língua estrangeira em estratégias de análise do mundo — seja este a favela de Paraisópolis ou os *shopping centers* do Morumbi? Como transformar essas ferramentas de decodificação da complexidade do mundo, que chamamos matérias escolares, em problematizações da vida contemporânea? Acho ótimo que um aluno se engaje em um movimento voluntário, mas o que as salas de aulas têm a ver com isso? Não terá resultado se ele continuar achando o conhecimento um atraso de vida, e a sala de aula, uma provação. Já que é para inventar ações mais interessantes, então radicalizemos! Façamos uma escola diferente, para além desse verniz socializante. Pois a sensação que eu tenho é que escolas privadas são iguais entre si, igualíssimas, com um temperinho de diferença para vender mais matrículas. Tomemos então um problema do mundo — um apenas, se for o caso — e produzamos abstrações a partir da experiência concreta. Existem milhões de possibilidades; basta apoderar-se de uma. Dá perfeitamente para aglutinar a experiência escolar em torno de temas geradores interessantes, significativos. O problema é que a molecada continua achando que a geografia ou a literatura não têm nada a ver com nada, além do vestibular. Isso é triste. Quando o conhecimento perde o sentido — se ele existiu um dia —, a escola morre. E essa escola pulsante ainda está por vir.

## E você acha que ela realmente virá?

Não na minha geração. Se a nova geração radicalizar, talvez. É do que precisamos nas escolas: gente radical, ousada, destemida. No meio pedagógico há muita gente embotada, conservadora, tacanha. Tanto que a rotina burocrática escolar vai muito bem, obrigado. Na escola, a burocracia funciona a todo vapor, sem ruído, sem controvérsia. Não conheço, por exemplo, quem não reclame — da boca para fora, diga-se de passagem — dos rituais obrigatórios de preenchimento de cadernetas, correção de provas, atribuição de notas etc. Ao mesmo tempo, essas mesmas pessoas cumprem, sem pestanejar, esse tipo de função como se ela fosse o propósito maior do trabalho pedagógico. O coração da escola, para os profissionais, é a secretaria, e, para os alunos, o pátio. E as salas de aula? São territórios onde se faz o quê? Nós temos de dar uma mensagem para essa molecada que está chegando: que o mundo é fantástico, que a experiência da vida democrática tem de ser preservada, que o conhecimento é o bom da vida, essas coisas.

## Por que a escola é uma das nossas instituições sociais menos flexíveis e menos abertas a mudanças?

A escola vive um risco constante. Ela é um conjunto de práticas, por excelência, conservacionistas, que podem converter-se facilmente em rituais conservadores. Ela é conservacionista à medida que é depositária do bom e velho passado. Isso porque ela é o lugar de recomposição, na pele dos mais novos, da narrativa dos antepassados. Logo, escola é necessariamente um espaço de conservação do tempo. E mais: ela não tem de ser moderna, atual, presente. Esse não pode ser seu objetivo. Ao contrário. Precisamos ter os aportes clássicos à nossa disposição, para poder ler o mundo contemporâneo e suas inflexões. O que seria do nosso ouvido sem Bach? O que seria do nosso olhar sem Monet? Do mundo sem Shakespeare? Ter contato com a idéia dos homens que nos precederam faz-nos abrir as portas para nossa própria vida. Esse é o motivo pelo qual a escola tem um sotaque conservacionista imprescindível. Ela é mais lenta do que seu entorno; tem de ser, e cada vez mais. Quase todos pregam que ela deveria ser mais ágil, mais *up to date* — do que discordo profundamente. Porque o mundo já é ágil demais, e a escola é o único lugar em que podemos debruçar-nos sobre algumas idéias acerca do mundo e da vida. É preciso lembrar também que o pensamento humano não é ligeiro; ele é gradual, ocioso, preguiçoso. Nada de errado com isso. Ninguém aprende nada de maneira aligeirada. Aprender a pensar é um exercício de paciência e perseverança. E é por essa razão que o trabalho escolar tem de ser minimalista e vagaroso. No entanto, conservacionismo não é, sob hipótese alguma, sinônimo de anacronismo ou tradicionalismo. Portanto, se a faceta escolar conservacionista é fantástica, seu viés conservador é um horror. Quando evoco essa evidência, refiro-me à relutância em se democratizar plenamente. A escola é uma instituição que, pelo menos na experiência brasileira, tem uma dificuldade muito grande de lidar com a diferença, o desviante, o atípico de seu alunado. É extremamente difícil entender por que, na relação com os alunos, uma parcela dos educadores é tão voluntariamente excludente. Os profissionais da educação atuais, que fizeram parte de uma geração diferenciada que, inclusive, mudou a história do país, não conseguiram ainda naturalizar a idéia de que a escola é um bem público com destinação certa. Ainda pensamos que ela é propriedade de seus agentes, e que os alunos são hóspedes incômodos. Criar estratégias efetivas de interlocução com as novas gerações parece ser a tarefa mais difícil hoje. Mas isso virá um dia; demora, mas virá. Eu resumo esse quadro mais ou menos assim: as transformações no cotidiano escolar são vividas com resistência pela imensa maioria, com uma apatia inexplicável por outra parcela e com esperança por alguns. Há um contingente impressionante de profissionais "encostados" nas escolas. E isso tem em todo lugar: escola pública, particular, cooperativa, universidade, educação infantil, Ensino Médio etc. Uma gente perniciosa que dá aula, e pronto. Os nordestinos têm uma expressão de que gosto muito. Eles não falam "dar aula", mas "ensinar". "Hoje eu ensinei." Belo, não? Contrário a isso, há pessoas que vendem aula — no sentido pejorativo do termo — a preços módicos e acham que estão fazendo muito. Todo bom profissional, seja onde for, considera-se sempre aquém de suas possibilidades e sabe, portanto, que precisa crescer. Em suma, é alguém irremediavelmente insatisfeito consigo próprio e com o mundo que o rodeia. Alguém em jejum, digamos assim. Empregando uma imagem do Kafka, todo educador que se preze tem de ser um pouco artista da fome.

# A Desritualização Radical da Sala de Aula

**Eu gostaria de saber se você já trabalhou em sala de aula, pois este é um questionamento que temos sobre todo teórico. Será que já estiveram em sala de aula, no dia-a-dia mesmo?**

Sou professor há quinze anos no Ensino Universitário e, em meu entender, não há diferença alguma do trabalho pedagógico, seja na educação superior, seja na básica. Em termos profissionais, o ensino é invariante e independente do tipo de aluno. Se não, corremos o risco de pressupor que a profissão se altera substancialmente conforme as especificidades de sua clientela. A medicina muda conforme a clientela? O direito muda conforme a clientela? Se a resposta fosse afirmativa, seríamos levados a pressupor que haverá tantas pedagogias quantas forem as clientelas escolares — o que me parece um disparate. Ou seja, a relação professor–aluno é a mesma, seja com alguém de 3, 13, 33 ou 63 anos de idade. Sempre que alguém se coloca perante outrem com a tarefa de ensiná-lo, esse alguém terá de trilhar uma espécie de via-crúcis, independentemente das especificidades do contexto. Não vejo, portanto, diferença substantiva do trabalho, por exemplo, na educação infantil ou na de jovens e adultos. Aqui ou lá, teremos professores e alunos, cada qual com suas "manias", suas idiossincrasias. Os professores devem, portanto, agir de modo semelhante como profissionais. Eu trabalho com acordos, por exemplo, e eles funcionam com os pós-adolescentes universitários.

**A SEGUNDA QUESTÃO TEM A VER COM O MOMENTO EM QUE ESSE ACORDO SIMPLESMENTE É QUEBRADO DE UM DIA PARA O OUTRO, NUM FIM DE SEMANA, DE UMA SEXTA-FEIRA PARA UMA SEGUNDA-FEIRA.**

A questão das burlas pode ter a ver com, pelo menos, quatro situações pontuais. Nelas, eu consigo antever claramente esse rompimento. Mas antes preciso falar um pouco mais sobre a natureza dos contratos. É importante lembrar, de largada, que a proposta de contrato se diferencia bastante da idéia de regimento escolar. Não é possível conceber a idéia de contrato como se se tratasse de uma espécie de regimento interno das salas de aula. Não é. O contrato não opera numa dimensão proibitiva. Ao contrário. Suas cláusulas dão a conhecer o que é necessário para que possamos levar a cabo a tarefa que lá nos reuniu. Por essa razão, todos os espaços sociais são contratualizados, em maior ou menor grau. Por exemplo: um tipo de contrato entre as pessoas são as regras de cortesia cujas cláusulas estão pressupostas nas relações civis. Mas há contratos outros, mais explícitos. No caso da idéia de contrato pedagógico, a proposta é a de organizar os trabalhos em sala de aula com base na explicitação contínua das regras constitutivas do campo de conhecimento em jogo. Trata-se daquele conjunto de regras que dão a conhecer, para ambas as partes, quais as exigências operacionais para as aulas de determinado curso ou disciplina. Trocando em miúdos, são as condições de funcionamento da relação professor–aluno. Pois bem, por que às vezes esse conjunto de regras é burlado ou malogrado? É possível levantar algumas hipóteses para isso. Vou levantar quatro. A primeira dá-se quando há ambigüidade nas regras. Ou seja, quando elas não estão claras, quando não estão lastreadas por um certo campo de verdade, digamos assim. Isso acontece no momento em que os alunos passam a não ver mais sentido na regra, quando se trata da regra pela regra. Ela então se torna uma imposição que não conta com a anuência do outro, mas com sua obediência. Essa é uma distinção importante. Quando as regras de funcionamento de determinado campo tornam-se normativas tão-somente, elas deixam de inspirar as pessoas que a elas se estão sujeitando em nome de algo mais, de uma promessa de algo futuro, digamos assim. A segunda razão remete à rigidez excessiva das regras. Ou seja, a burla ocorre quando o cacife dos jogadores está superestimado. São regras, portanto, que não se ajustam à potência real, às possibilidades fáticas dos implicados. Por exemplo: as regras matrimoniais (um ótimo caso de relação contratualizada) começam sempre superestimadas. Existe um pacto com alguém que se comprometeu a envelhecer a seu lado, que vai ser-lhe fiel sempre, que vai amá-lo na saúde, na doença, na tristeza, na alegria etc. Só que a relação não funcionará exatamente assim, todos sabemos. As desavenças que vão despontando, no decorrer do convívio, são essa espécie de ajuste à realidade possível do casal. É o momento de repactuar com base no possível. Esses ajustes são sempre interessantes, porque reforçam ou enfraquecem a relação.

## E a terceira razão das burlas?

A terceira razão é a má-fé mesmo. Acontece quando o aluno, por alguma razão, tem uma predisposição muito negativa em relação ao professor e resolve sabotar as regras do jogo. Às vezes, você depara com situações limítrofes, de afronta declarada. Trata-se de algo pontual no grupo, mas acontece. Isso porque, para alguns alunos, o professor pode vir a ocupar um lugar demasiado desestabilizador. Essas são três possibilidades de burla de regras. Ainda, uma outra que me parece importante é aquela que ocorre quando não há um lastreamento ético do próprio professor em questão, quando lhe falta autoridade moral. Os alunos começam a pensar que só eles têm deveres a cumprir. Ou seja, o professor não se acomete à ação, não se envolve integralmente no jogo. Mas o contrato exige contrapartida, uma vez que regula a conduta de ambos, professor e aluno. Então, tudo o que se pede lá, não se pode deixar de fazer aqui. O contrato é, de certo modo, um "toma lá, dá cá". Essa poderia ser uma quarta hipótese.

## Os alunos cobram, não é?

Cobram mesmo! E sabe por quê? Porque, com eles, "escreveu, não leu, o pau comeu". Esse tipo de relação remete a uma certa idéia de justiça comum ao grupo. Se dois colaram e apenas um foi pego, o caos instala-se. A imagem de justiça entre os alunos é absolutamente cega. É pena de Talião mesmo! Tem de ser na mesma moeda e igual para todos — o que inclui o professor. Essa economia institucional escolar acaba chamando a atenção de quem se interessa por esse tipo de discussão. Veja o caso, por exemplo, da afinidade do professor com determinados alunos. Às vezes, até involuntariamente, você escolhe atender alguns alunos, dar mais atenção a eles, dirigir-se com mais freqüência a eles etc. E isso é sentido por todos, no grupo. Então, essas coisas precisam ser pensadas no cotidiano. Há algumas outras hipóteses que poderíamos levantar aqui, mas eu fico com essas quatro. As duas primeiras têm a ver com o próprio contrato. No caso das outras, uma aponta para o aluno e outra, para o professor. No caso da terceira hipótese, isto é, quando o aluno quer mesmo é afrontar, muitas vezes eu vejo os professores infantilizando-se, embarcando na briga.

## AGINDO IGUAL AO ALUNO?

Igualzinho. Batem o pezinho e cia. Quer dizer, você rendeu-se à demanda do aluno e abandonou seu lugar de autoridade. Isso porque há uma assimetria de base na relação professor–aluno que deve ser preservada a todo custo. Nós não somos iguais, aliás. Nós não "trocamos" nada, como se costuma pensar. Eu sou contrário a essa idéia de troca. Você troca com seu médico ou com seu advogado? Não sei se há troca de fato nesse tipo de relação. Isso porque, numa relação institucionalizada, só posso ocupar o lugar de agente ou de clientela, e tais lugares não são semelhantes, extensivos. E que não se confunda o conceito de clientela com o de "cliente": a primeira sofre a ação institucional, o segundo compra-a. A noção de clientela não é sinônima, portanto, da de freguesia. E isso nos remete à quarta hipótese: quando o outro não está cumprindo com seu quinhão no acordo celebrado entre as partes. Nessas horas, tendemos a pensar que, tão logo conseguimos estabelecer uma ritualização mínima na sala de aula, ela é imediatamente desmontada.

## DE REPENTE.

Pois então. Não consigo concordar com isso. Essa ritualização do trabalho escolar é sutil, paulatina, indireta. Vou dar um exemplo da noção de ritualização da sala de aula que venho desenvolvendo. Escrevi uma coluna sobre isso na revista *Nova Escola*, na edição de janeiro/fevereiro de 2002. O contrato é um dos dispositivos de ritualização da sala de aula. Um mecanismo excepcional. Com isso quero dizer que os ritos são parte fundamental da vida de uma instituição. Por exemplo: quando você vai a um restaurante, existe uma ritualização daquele espaço.

Ele funciona de um modo diferente dos outros lugares; as pessoas lá se relacionam de um jeito diferente de como elas se relacionariam se estivessem num cinema, num cemitério ou num motel. Um exemplo de um lugar super-ritualizado? O teatro. Outro espaço bastante ritualizado? O estádio de futebol. A ritualização tem a ver com aquela espécie de protocolo implícito e mais ou menos consensual que nos toma de assalto quando ingressamos em determinada prática instituída. Nesse momento, você assume, sem se dar conta, um papel específico e distinto de todos os outros. Trata-se, *grosso modo*, de uma atribuição prévia daquele lugar que você abraça para si naquele instante. Então, você veste-se de um lugar, você anima um espantalho, digamos assim. O espantalho é uma boa analogia: ele já está posto, mas não tem vida. Toda ritualização institucional requer essa assunção compulsória e mais ou menos implícita de papéis, seja na condição de agente, seja na condição de clientela.

## É O QUE VOCÊ CHAMA DE "LITURGIA DO COTIDIANO ESCOLAR".

Exatamente. Existe uma liturgia necessária e sempre lastreada pela ação do professor. É ele quem dispara essa delimitação de lugares e prerrogativas na relação. Ele precisa, portanto, dar largada ao jogo, demarcando claramente as pautas do trabalho a ser desenvolvido. E as cláusulas têm de ser combinadas, ponto por ponto, mesmo que demore um ano para serem implantadas. Pela minha própria experiência, os alunos estão bons no último dia de aula. Ótimo, que bom! Essa batalha cotidiana é o filé da profissão. É fundamental, portanto, preservar essa liturgia. Ela é derivada do modo como o professor se posiciona na relação, o que se traduz em três instâncias distintas mas imbricadas: a competência passiva, a competência ativa e aquilo que tenho chamado de ética docente. A competência passiva remete ao domínio do que você está fazendo lá. Muitos professores nem sequer conhecem a fundo o que eles estão ensinando. E isso não é possível. O que estou chamando de competência passiva é a pressuposição de que o professor tem autoridade intelectual para ocupar seu posto. Por exemplo, um professor que não tem domínio da norma culta da língua terá sua autoridade desqualificada a qualquer momento. Aliás, ele próprio já desrritualizou a relação. Dessa forma, é preciso portar, aos olhos dos alunos, um esteio intelectual e cultural mínimo. Porque o princípio basal da liturgia pedagógica é o de que o professor, pelo menos no que diz respeito ao seu campo de conhecimento, sabe mais do que seus alunos. Esse é o grau zero do ofício. E como se adquire isso? Estudando apenas. É uma exigência inapelável entrar em contato sistemático com os textos produzidos pelos teóricos e pesquisadores da área. Isso porque a "experiência" cotidiana dos profissionais — o famoso tirocínio pedagógico — não favorece necessariamente uma visão mais plástica dos problemas do cotidiano. Os teóricos são aqueles que, de certo modo, mantêm-se numa distância necessária para pensar, refletir sobre esses mesmos problemas. Vale a pena ouvi-los. Se não, corre-se o risco de se enclausurar nos próprios saberes práticos, tomá-los como verdades absolutas, inquestionáveis — o que é a medida mesma do pensamento embotado e, até certo ponto, da desesperança muitas vezes presente no cenário educacional. Não podemos esquecer, de modo algum, aquele princípio valioso, o qual se aplica a nós e aos alunos em idêntica medida: a leitura transforma-nos efetivamente em pessoas melhores.

## E O QUE MAIS É NECESSÁRIO?

O professor querer ensinar. Esse é o segundo predicado fundamental, que poderia ser chamado de competência ativa. Estou me referindo aos mecanismos narrativos empregados em sala de aula. Ou seja, a maneira como o professor reinventará o domínio de que já dispõe. Toda aula significativa exige um bom tanto de criatividade e improviso. É preciso recomeçar sempre. Como se pode dar um testemunho verdadeiro do apreço por aquelas idéias que se almeja ensinar? Algumas qualidades são imprescindíveis: ousadia, criatividade e muito pouca fé na ilusão de que os métodos pedagógicos salvam. Não salvam; nem auxiliam sequer, em meu entendimento. Experimente imaginar algo parecido com isto: dois profissionais com formações parecidas, idades parecidas, trabalhando na mesma escola e empregando procedimentos técnicos similares. Ao cabo de determinado tempo, seus resultados serão parecidos? Então, considero que há um *quantum* de criação no trabalho pedagógico — isso que estou denominando competência ativa. A competência passiva é fruto do estudo sistemático. Todos conhecem a fórmula: 10% de inspiração, 90% de transpiração. Curioso: gostaríamos que nossos alunos tivessem gosto pelo estudo, mas nós próprios não o temos com freqüência. A classe profissional pedagógica estuda pouco, infelizmente. O professorado brasileiro estuda pouco de seu campo de especialidade, vai pouco ao cinema, vai pouco ao teatro, lê pouca literatura clássica, não tem gosto pelo mundo cultural — o que é uma lástima. Porque uma pessoa que não tem gosto pela cultura não deveria ser professor. Então, para dar conta do que chamei de competência passiva é só mesmo o hábito do estudo, da leitura. No entanto, mesmo que haja um bom domínio teórico de seu campo, ainda não temos um bom professor, necessariamente. Para tal, pressupõe-se o que estou chamando de competência ativa: criar, inventar formas de dialogar com os alunos.

## Ousar.

Sem dúvida. Ousar abertamente, arriscar formas arrojadas de interlocução, inclusive — "aloprar" em sala de aula, o que é muito bom. Em escola, não precisamos mais de gente direitinha, normalzinha, comportada. Ela está abarrotada de pessoas assim. Aliás, se você for buscar em sua memória pedagógica, você encontrará bons professores que eram meio doidos, esquisitos.

## Quando você se coloca nessa posição, você é tido pelos colegas como extravagante, alguém que está inventando e arrumando trabalho para os outros?

Pois é. Em geral, o grupo de professores é muito tacanho. O único conselho que dou nessas horas é o seguinte: "Os cães ladram e a caravana passa". Mesmo porque, há um costume nas escolas absolutamente hipócrita, a meu ver: os colegas professores agem, entre si, como se fossem membros de uma suposta grande família. Não são. E mais: essa certa aura doméstica das relações mais atrapalha do que ajuda, na medida em que impede enfrentamentos de ordem ético-profissional. Assim, nos raros momentos coletivos, evita-se levar a cabo um certo tipo de discussão mais madura, sempre em nome da estabilidade corporativa do grupo. Algo parecido com essa fórmula: precisamos todos nos assemelhar para que não despontem as virtudes de uns e, de modo avesso mas complementar, a mediocridade de outros. Em síntese, trata-se de uma isonomia que se converte facilmente em camisa-de-força corporativa. Voltando ao que eu dizia antes, é necessária uma atitude apaixonada para ser professor. E isso num sentido nada piegas. Falo de paixão pela própria vida, de respeito absoluto pela própria vida. É isso que entendo por ética no plano pessoal.

## Paixão por aquilo que faz também, não é?

Claro, porque a profissão compreende grande parte da vida que temos. Quando evoco a idéia de paixão, refiro-me a estar em causa, colocar-se em xeque o tempo todo. E quem está sob suspeita na escola brasileira hoje são seus profissionais, não sua clientela. Habituamo-nos a colocar nossos alunos na berlinda para nos safarmos do questionamento ético-político inerente à profissão neste momento histórico. Mas não se pode continuar com essa velhacaria. Sejam quem forem os alunos, é de direito deles estar lá. Nós que engulamos isso.

## Geralmente, pensamos que os problemas que ocorrem dentro da sala de aula são trazidos de fora.

Exatamente. Não importa quem são esses alunos, quais suas condições psicológicas, familiares, sociais, financeiras, o escambau! É necessário sempre recomeçar. Então, se por um lado ser professor oferece uma liberdade sem precedentes, por outro exige um requisito basal: a paciência. Ser professor obriga-nos a refazer os votos de lealdade às nossas escolhas existenciais. E isso remete ao campo da ética — o terceiro elemento que, associado à competência passiva e à competência ativa, pode forjar um profissional da educação justo, correto, digno. Ética, no plano político, é cuidado com o outro, sem trégua. E temos andado muito desleixados com nosso trabalho, responsabilizando demais as crianças.

**Falando dessa liturgia, o que me assusta são exatamente essas práticas de autoritarismo e humilhação nas salas de aula.**

Compreendo isso como resíduos de uma desrritualização radical das salas de aula. Uma desrritualização acachapante, radical, de raiz. Trata-se de uma desfiguração dos lugares de professor e de aluno, desde a raiz. Um estado de calamidade ético-política das práticas escolares. Isso porque usufruir a liturgia dos lugares institucionais é algo essencial na vida, pois daí deriva toda nossa confiança no outro. A própria idéia de felicidade remete àquela confiança apaziguadora que se tem no outro quando ele se mostra merecedor dela, e vice-versa. Isto é: só confio naquele que está sendo leal a si, à própria vida que elegeu para si. O mesmo acontece com o outro em relação a mim. Então, no caso do alunado, eles até que têm respeito demais pelo que recebem de seus professores. Respeito demasiado. Porque hoje existe uma guerrilha aberta contra a clientela da escola pública. E não só. Da escola privada também. Há uma exclusão velada no cotidiano de uma enorme parcela dos alunos, mesmo que eles estejam incluídos formalmente. Há um acordo tácito no meio escolar de que, para alguns, a experiência escolar é inviável, impraticável, impossível. Sabe a história das "maçãs podres"?

## O que me preocupa é esse tipo de visão tornar-se uma prática natural, encarada como normal.

Às vezes, parece que nunca conseguiremos romper esse círculo vicioso. Sempre foi assim, assim sempre será. Mas até quando a corda agüenta sem arrebentar? Eu acabo pensando que as crianças até sobrevivem bem. Sobrevivem bem demais. Alguns dizem que há, nas salas de aula, uma guerra de classes, porque os professores em geral são de classe média, média baixa, e as crianças são pobres. Mas eu não gosto dessa interpretação. Penso que não é isso o que está em jogo, ou não apenas. Como grupo institucional específico, ainda não conseguimos naturalizar internamente a idéia de democracia escolar. Gostamos de democracia em todas as outras instâncias da vida civil, menos na escola. Passamos por seus portões e começamos a desconfiar do mundo atual e de seus novos habitantes, e acabamos sendo tomados por uma saudade inexplicável de um passado que não houve. De certo modo, parafraseando uma certa canção, ainda somos e vivemos como nossos professores, nossos ídolos ainda são os mesmos etc., etc., etc.

## O que fazer para reverter esse quadro?

Não sei, não sou profeta. Mas imagino que a alternativa é, talvez, a de ser ético apenas. É o que eu tento fazer. Em meus cursos na FEUSP, as salas estão sempre cheias. Eu sou muito animado, digamos assim. Minha vida é o que está em questão lá. E eu tenho muito respeito por minha vida e pela de meus alunos. Então, acho que faço um trabalho bem razoável, acima da média — o que não é muito difícil, por sinal. Entretanto, no meio pedagógico em geral, eu não sou muito tolerado. Isso porque me vêem com essa imagem de um crítico ferrenho ou, às vezes, o oposto, isto é, ingênuo. Nessas horas, tenta-se desqualificar meu discurso, acusando-o de "teórico demais", alheio à experiência concreta etc. O que parece importar, para meus detratores, é a tal "prática", ou seja, o poder do tirocínio acima de qualquer suspeita. O hábito como o "pai de todas as coisas". Eles seriam os detentores exclusivos dos segredos da profissão, porque advindos da vivência prática. Ora, se a experiência mostrou que a educação escolar é um ofício irrealizável, a prática nada ensinou de fato. E mais: devido a costumes desse tipo, estamos pouco a pouco conseguindo desmantelar a escola pública brasileira. Porque se o governo quer que as coisas estejam do jeito que estão — essa idéia é quase onipresente entre os educadores —, é possível deduzir que nos tornamos artífices perfeitos desse estado de coisas.

**Colaboramos bem.**

Na anuência, não é mesmo? Ora, os governantes não têm a ver imediatamente com nossas salas de aula. Lá, em certa medida, você é presidente, rei, o que quiser. Porque existe uma delegação social e profissional para isso. Repito sempre que nossas salas de aula são a nossa cara, o mundo como o quisemos e o fizemos. E elas podem ser lugares esplêndidos. São raros, mas existem. Venho pensando ultimamente em algo bastante polêmico. A escola pública congrega dois tipos de pessoas: as mais mesquinhas que existem e as mais espetaculares. Não há meio-termo. Enquanto isso, a escola privada congrega as pessoas medianas. Tudo é mediano na escola privada, já que ela vende esse prato feito pedagógico. Sabe do que ele é feito? De preparação intensiva para o vestibular. Isso não é escola, não é educação. A escola pública, paradoxalmente, realiza as experiências civis mais singulares. Mas também as piores. Ela pode degradar a condição humana a abaixo de zero. E, paradoxalmente, ela pode forjar o bom da vida. Eu tenho um apreço enorme pela educação pública, porque fui um herdeiro dela, da pré-escola ao doutorado. Eu devo a vida que tenho à escola pública.

## EU MENCIONEI UM AUTOR PSIQUIATRA, MUITO EM VOGA NO MEIO PEDAGÓGICO, E VOCÊ PARECE NÃO TER GOSTADO MUITO.

Eu oponho-me a esse tipo de demanda dos profissionais da educação, de que pessoas de fora do *métier* pedagógico venham revelar-lhes as saídas para os impasses e contratempos da profissão, ou mesmo "auxiliá-los" nessa tarefa. Algo semelhante aos médicos convidarem economistas para discutir as questões da saúde no Brasil. Não dá, não dá. Parece-me, portanto, que esse anseio desenfreado que há entre os educadores revela tão-somente uma demanda de psicologização barata do cotidiano escolar. Uma avalanche de pseudoconceitos com vistas a uma exclusão branda. Exclusão com verniz psicológico. Enfim, eu recuso-me a reduzir a discussão educacional à esfera dos psicólogos, psiquiatras, jornalistas e assemelhados. Esse tipo de oferta discursiva jamais contará com minha aquiescência. Por que a educação é uma prática sobre a qual todos, e qualquer um, podem dizer o que bem entenderem e ainda contar com nossa anuência e, às vezes, nosso louvor? Carecemos de leituras um pouco mais sólidas sobre os dilemas escolares; leituras que não apontem, sob hipótese alguma, nem para a sociologização e muito menos para a psicologização das causas do fracasso escolar. O campo pedagógico é pródigo em buscar explicações não-pedagógicas, não-escolares para seus dilemas profissionais. Os problemas relativos a nossos alunos, por exemplo, deveriam ser tomados com alegria, entusiasmo, questão de honra talvez. Eles são os ossos de nosso ofício, e temos de roer algum. Todo ofício tem um, ou vários. Deveríamos roer esses ossos guiados pela esperança de que o tutano viesse mais cedo ou mais tarde. Se não roemos os ossos, não há tutano.

**Você falou que as crianças até se saem bem de todos esses problemas que elas enfrentam.**

Elas aprendem a ser espertas. Elas aprendem a sobreviver aos absurdos escolares. As provas à base da decoreba, por exemplo. Isso não faz mais sentido na educação contemporânea. Precisa desse tipo de prova para quê, afinal? Para checar a aquisição de conteúdos que não têm a ver com nada? Haja paciência! Eu fui aluno de uma escola básica risível, ridícula, que treinava as crianças para serem funcionários públicos — passar triunfalmente no concurso do Banco do Brasil ou no da Caixa Econômica. Diziam os professores de então que, num dia distante, a matemática certamente serviria para alguma coisa, que a biologia seria importante, que o domínio da língua faria sentido. Acabou essa escola! Ela não tem cabimento. E mais: ou ousamos fazer uma educação diferente ou as escolas vão implodir — como já ameaça acontecer.

# O Incerto Lugar da Psicologia na Educação

## Como você concebe o trabalho da psicologia na educação? Qual sua relevância?

Para responder a essa questão, subdividirei a idéia de psicologia na educação em dois eixos complementares: primeiro, seu ensino na formação do educador; depois, as práticas escolares por ela inspiradas. Estamos falando de psicologia educacional, de um lado, e de psicologia escolar, de outro. Posteriormente, entrelaçarei essas duas instâncias que poderiam idealmente ser separadas: o arcabouço conceitual mais abstrato e sua reapropriação no cotidiano escolar; reapropriação esta particularmente valorizada no imaginário pedagógico — talvez esse não seja o melhor termo, mas vou empregá-lo mesmo assim. Remontando um pouco à história dos campos psicológico e educacional, esse entrecruzamento foi consagrado pelo escolanovismo e sua ânsia de focalizar os meandros internos da construção do conhecimento por parte do aluno — o que me parece um movimento legítimo do ponto de vista histórico, como resposta à pedagogia tradicional. Mas, daí para a frente, esse processo de apropriação do discurso psi acabou dando cobras e lagartos. É aquilo que eu falo sempre: nunca vi a psicologia ser convocada no universo escolar para explicar o sucesso pedagógico. Ou seja, ela é sempre convocada a justificar o fracasso de uma parcela do alunado. Existe uma apropriação estigmatizadora e excludente do alunado por parte do discurso psi na escola. Você poderia me perguntar se se trata de uma apropriação equivocada, ingênua, selvagem, seja lá o que for, por parte dos educadores com relação ao discurso psi. E eu responderia sim e não. Penso que há uma apropriação indébita sim, mas há uma oferta discursiva suspeita por parte dos psicólogos e afins. Uma oferta vulgarizante e bastante contraproducente, em meu entendimento. Isso porque existe uma espécie de adoecimento do alunado por parte do discurso psi clinicalizante. É no alunado desviante do padrão pedagógico que tal discurso crava suas garras, que ele encontra seu quinhão mercadológico. Esse processo remonta a uma outra discussão sobre a dispersão de discursos no universo escolar, uma vez que ele é palco, digamos assim, de uma confluência discursiva de várias frentes teórico-conceituais. Cabe, então, a essa psicologia despotencializadora da vida — em última instância, meio velhaca mesmo — uma certa justificação ininterrupta dos males pedagógicos pela via dos determinantes psíquicos. Por exemplo, a criação da imagem — extremamente em voga hoje em dia — do "aluno-problema" como explicação a um conjunto de entraves escolares, em especial ligados ao rendimento e/ou comportamento. Diz-se que se trata de uma criatura acometida por distúrbios, anomalias, males psíquicos de diversas ordens. Quais seriam eles? Em geral, têm a ver com a idéia de comportamento disfuncional do aluno e com as dificuldades relativas à cognição e afetividade, que desembocariam na idéia de fracasso escolar, de impossibilidade do aprendizado e daí por diante. Essas são boas mostras de uma demanda pedagógica claudicante. Os educadores buscam excessivamente auxílio e suporte discursivo em outros campos teóricos, como se o próprio âmbito escolar não fosse potente o suficiente para se constituir como uma frente discursiva autônoma, emancipada. Sendo assim, os profissionais da educação parecem necessitar recorrer a outros discursos para justificar aquilo que, do ponto de vista pedagógico, resulta em malogro escolar. Há duas frentes discursivas que fazem verão entre os educadores: o discurso sociológico e o psicológico. Este último, cedo ou tarde, desembocará naquilo que denominamos psicologização do cotidiano, processo este relativo à apropriação crassa dos conceitos psi e sua transposição imediata para a concretude das relações escolares. Complementar a ele, desponta a idéia de sociologização do cotidiano. Não me aterei à discussão deste último ponto, mas posso garantir que há características bastante semelhantes à apropriação do discurso psicológico, no sentido de justificar por que a escola não funciona a contento. De qualquer modo, ultimamente tenho pensado que temos de nos aproximar do olhar dos artistas, para compreender a complexa mecânica do cotidiano escolar, e nos afastar cada vez mais do olhar reducionista dos psicólogos e sociólogos.

## Como assim?

Compreender o ato pedagógico por meio da plasticidade do olhar do artista perante a tarefa de inventar a obra, o que remete a uma certa tragicidade — no sentido grego do termo. Trata-se desse "olhar a vida como se fosse a primeira vez", sempre. O olhar inédito do artista sobre o mundo. Esse olhar de enigma, vitalizado, viril, que é o oposto absoluto do olhar psi na escola; este, um olhar desvitalizado, impotente, crivado por inúmeros *a prioris*. Dessas supostas condições apriorísticas para o aprendizado derivarão apropriações discursivas bastante questionáveis, em meu entendimento. Exemplos? As noções de "estágios", "déficit", "pré-requisitos" etc. A própria idéia de desenvolvimento psicológico tem um forte apelo entre os educadores e, paradoxalmente, efeitos extremamente duvidosos do ponto de vista pedagógico, pois sua apropriação desmedida acaba naturalizando uma compreensão equivocada: a de que uma parcela do alunado é imprópria ou incapaz ao trabalho escolar. Como chegamos a esse disparate? É impossível continuar com isso.

## Esse discurso que a pedagogia tomou da psicologia deu-se enquanto a escola se abria para essa população menos privilegiada?

Sim, óbvio, já que essa população não se enquadra nessa padronização pedagógica que ninguém sabe quem inventou. Mas, de qualquer maneira, a pedagogia poderia ter fagocitado outros discursos no interior da própria psicologia. Por que não outros? Trata-se de uma trama, ao final das contas, bem estranha — ou voluntariamente leviana, sabe-se lá. E isso se deve não apenas aos educadores, mas também a uma abundante oferta psicologizante. Uma oferta onipresente e bastante suspeita: esta tentativa de clinicalizar o mundo. Se isso está em todos os lugares, por que não estaria na escola? Há um impressionante bolsão escolar de encaminhamentos para os consultórios e assemelhados. Uma mina de ouro, em outros termos.

## A seu ver, a psicologia não deveria estar na escola?

Existem "psicologias" — essa é a questão. Como todo campo de conhecimento das Humanidades, a psicologia é também um campo de dispersão, em vista da confluência de vários enquadres discursivos, de múltiplas afiliações teóricas e políticas. Essa é uma idéia muito importante. Como todo universo teórico, trata-se de um campo de lutas, divergências, dissonâncias conceituais e metodológicas. Há "psicologias", sempre no plural. Isso significa que há discursos de naturezas distintas no interior do campo psi que não são apropriados pelos educadores. Quando ressalto isso, estou apontando uma certa primazia da psicologia do desenvolvimento e da aprendizagem no discurso pedagógico, e muito pouca atenção a outras frentes teóricas que poderiam fornecer as bases para um outro tipo de olhar. Refiro-me à psicologia social ou aos estudos relativos à psicologia institucional, por exemplo. Eu tenho tentado fazer essa interlocução. Meu interesse é o de entender as próprias práticas institucionais como gestoras dos males de que elas dizem padecer e que elas mesmas retroalimentam. Ela é gestora tanto daquilo que ela gesta como do que ela gere. Essa é uma idéia bem interessante. Existe também a psicologia de grupo, cujos conceitos não são apropriados pela escola. Em síntese, há frentes teóricas em psicologia que são relegadas nessa, digamos, balança comercial discursiva entre psicologia e educação. Por analogia, importa-se em demasia a psicologia da aprendizagem e do desenvolvimento. Quanto a mim, como professor de psicologia da educação, devo confessar que não me interesso mais por esse tipo de discurso. Já trabalhei com ele no início de minha carreira, mas hoje não julgo sequer relevante discutir esse tipo de conceito, porque sei onde isso vai dar. Vai virar verniz pseudoteórico para justificar a exclusão de determinados alunos diferentes. E com isso não posso concordar, sob hipótese alguma.

## Mas quando você propunha esse conteúdo, qual era seu enfoque?

Num primeiro momento, eu interessava-me pela abordagem psicanalítica. Hoje, entretanto, vejo com olhos extremamente reticentes a relação entre psicanálise e educação. Em meu entendimento, essa aproximação discursiva é realizada, em geral, por gente que queria mesmo era estar na clínica, que traz para as práticas educativas uma espécie de afã clinicalizante, traz o divã, as obras completas de Freud, a interpretação dos sonhos, de transferência, gatos e cachorros. Não me interessam esses jargões psicanalíticos que acabam embotando a potência do trabalho educativo. E mais: permanece um ranço desenvolvimentista, no final das contas — por mais que os tais teóricos da psicanálise/educação se oponham a isso. Portanto, não vejo mais entre psicanálise e educação uma conversa produtiva. Do avizinhamento entre esses dois campos, resta sempre um cheiro de interdição no ar — para empregar um conceito caro a eles. Para que essa parafernália toda, então?

### E como você justifica nós, pedagogos, termos essa disciplina?

Penso que se justifica historicamente. Trata-se, hoje, de um discurso dominante na relação entre psicologia e educação. Acho que a justificativa para tal dominância remete aos equívocos da história, apenas isso. Mas isso mudará, um dia mudará. Além do que, se consideramos esse tipo de olhar como resultado do embate entre forças discursivas — hoje esse discurso é uma força quase hegemônica —, temos também de pensar que toda força hegemônica tende a ser corroída pelo tempo. É esperar para ver.

### Como você vê o ensino de psicologia no Ensino Médio, a não-existência da disciplina? Há casos de alunos que ligaram para quarenta ou cinqüenta escolas para conseguir um estágio.

Não vejo nem com bons nem com maus olhos, porque não penso que, necessariamente, a psicologia tenha de estar presente no currículo do Ensino Médio. Ela pode estar aí presente se a entendermos como parte do discurso das Humanidades. O que precisa estar no currículo do Ensino Médio é o discurso das Humanidades em igual proporção ao discurso das Artes e o das Ciências. São esses os três campos discursivos que constituem o que entendemos por currículo mínimo. Então, as Humanidades, em sua dispersão, precisam estar contempladas em igual medida. Por que a primazia das Ciências e o desprezo pelas Artes? É o balanço discursivo que importa. Se tomarmos aquela psicologia de que eu falava, então não sinto falta alguma de seu ensino no Nível Médio. Honestamente, tenho minhas dúvidas quanto à pertinência da psicologia na formação do aluno da escola básica. É mais importante que ele tenha noções de filosofia ou teatro, por exemplo, do que de psicologia.

## Se você tivesse de pensar em um conteúdo de psicologia para o Ensino Médio, o que você sugeriria?

Pois é. Eu não consigo pensá-lo. Há temas da psicologia que poderiam ser curiosos ou interessantes, como a questão dos valores em determinados agrupamentos humanos, ou outros temas da psicologia social, como o estereótipo, o preconceito etc. Esses temas podem também ser abordados pela visão sociológica ou filosófica, mas eles implicam uma metabolização psíquica por parte das pessoas. De qualquer modo, trata-se de temas que devem ser abordados numa perspectiva transversal. E eu não sei se eu atribuiria a uma disciplina de psicologia a tarefa de tratar da questão ética, por exemplo. Há um livro que fizemos, um colega da Unicamp e eu, em que propomos o tangenciamento pedagógico da Declaração Universal dos Direitos Humanos, nos moldes da abordagem transversal de ensino. Os trinta artigos foram convertidos em trinta frentes de trabalho, interdisciplinares, contextualizadas etc. Nesse sentido, a psicologia pode perfeitamente entrar no bojo dessa discussão. Mas, não sei. Se eu fosse ministro da educação ou um deputado constituinte, não sei se eu reservaria um espaço específico para a psicologia no Ensino Médio. Ela causa mais estrago do que benefício. Ela, da forma como está posta hoje no mundo, presta um desserviço sem igual.

## Para a formação do pedagogo?

Inclusive, mas não só. Porque já vivemos numa sociedade extremamente psicologizada. No cotidiano, eu constato uma tristeza arraigada nas pessoas. Sabe como isso se dá? Uma sociedade psicologizada é aquela que organiza seu cotidiano com base na ordem psi, na ordem evolutiva — o que é algo impraticável, do ponto de vista empírico. Esse movimento acaba gestando uma subjetividade crivada por uma insatisfação aflitiva consigo próprio e com o outro. Quando você pauta sua vida na norma evolutiva, supondo que há uma lógica progressiva e contínua no viver, você acaba enredado num sentimento implacável de dívida, de defasagem. Daí deriva o veredicto da contemporaneidade dita pós-moderna: estamos sempre em dívida com nosso corpo, nossa mente e nosso espírito. Todas as pessoas, o tempo todo, sem trégua. Mas, estamos em dívida em relação a qual padrão? Qual é a norma, exatamente? O que é necessário e o que é possível? Sem essas questões devidamente respondidas, acabamos todos supondo que deveríamos amar mais, transar mais, ser mais magros, mais jovens, mais bonitos, mais felizes, numa cadeia sem fim de sabotagem daquilo que somos efetivamente e suas possibilidades factuais. O saldo dessa psicologização radical da subjetividade, nas últimas décadas, é uma imensa melancolização do mundo. No entanto, é preciso lembrar — mesmo que isso exija um esforço constante — que o viver é sempre marcado pelo ineditismo de suas formas. É preciso olhar o mundo com aquele olhar plástico dos artistas: como se fosse "a primeira vez". E olhá-lo como se não houvesse nem o "fora" nem o "antes". Essa idéia do "antes", do aprisionamento do sujeito em sua interioridade psíquica, é de uma despotencialização ético-política sem par. Debilitamento da vida e do mundo, em última instância. Então, hoje, como um teórico da psicologia da educação, tenho a sensação de que o trabalho a ser feito é o de despsicologizar o mundo, desmistificando essas palavras de ordem vazias que devemos ao discurso dos psicólogos clínicos e afins. Palavras de ordem que governam uma subjetividade melancólica, inimiga do bem-viver. Palavras de ordem amargas e ocas que pregam como devemos ser felizes. Felizes para quê?

## De uma maneira geral, como você vê a psicologia na formação do pedagogo?

Uma incógnita. Há cursos de psicologia em praticamente todos os cursos de formação nas Humanidades: administração, economia etc. Por que é tão importante conhecer esses meandros internos, recônditos do psiquismo? Penso que o mundo da superfície, da exterioridade das relações é suficiente para pensarmos a subjetividade contemporânea e seus reveses. Não é necessário fazer essa torção do olhar em direção aos porões internos do psiquismo para compreender como e por que somos o que somos. Basta pensar na mecânica dos jogos de relação entre as pessoas, isto é, os laços institucionais que as lastreiam no mundo. Por isso, minha escolha por uma visão institucionalista da psicologia. Na contramão desse movimento, o que se pode deduzir da história do ensino de psicologia é essa difusão descabida das palavras de ordem da norma evolutiva. O resultado é um olhar sobre o outro sempre com desconfiança e desesperança. No cotidiano escolar, os alunos com mais dificuldades, mais rebeldes, mais inconformados — no final das contas, os melhores alunos — são os primeiros a ser enredados por essa rede discursiva despotencializadora da vida. É repugnante testemunhar o frescor da juventude sendo adoecido por essas apropriações chulas do discurso psicológico. Em contrapartida, tenho visto na USP, por exemplo, algumas tentativas — pelo menos nos cursos de licenciatura — de criar alternativas a esse discurso dominante. Falo da licenciatura porque é esse lugar que mais me interessa e com o qual tenho maior vinculação. Trata-se de uma opção clara de minha parte pela formação dos futuros professores. São eles que precisam de maior atenção.

**Você estava falando do trabalho da psicologia aqui na faculdade.**

Temos hoje, em meu entendimento, um conjunto de profissionais muito interessantes na FEUSP. Como área de psicologia da educação, ela é bastante fiel à dispersão do campo. Ou seja, há algumas frentes discursivas bem delineadas. Há uma frente mais ligada às questões cognitivistas, outra psicanalítica, e outra mais afeita à discussão das questões concretas do cotidiano escolar por meio da psicologia social e institucional. Sou signatário desta última. Mesmo a área da pós-graduação é dividida de acordo com essas três frentes teóricas. No currículo atual do curso de pedagogia, as duas disciplinas obrigatórias de psicologia da educação são ligadas à psicanálise e ao cognitivismo. A terceira frente aparece esporadicamente, às vezes em disciplinas eletivas — o que me parece razoável. Sem problema algum. A oferta faz coro com a demanda.

## NÃO SERIA O CASO DE PROPOR ESSA TERCEIRA FRENTE NA FORMAÇÃO DO PESSOAL QUE ESTÁ INGRESSANDO?

Seria interessante. Mas, como eu dizia antes, todo discurso hegemônico tende a derrocar com o tempo. Então, chegará um dia em que vamos discutir outras questões, outros temas que não esses que vêm sendo priorizados hoje. Essas escolhas atuais, em meu parco entendimento, só vêm arregimentando, mesmo que não intencionalmente, a exclusão escolar branda, sustentada pelo cínico bom senso psi.

## ENQUANTO ISSO, A EXCLUSÃO VAI ACONTECENDO.

A exclusão vai acontecendo arrematada por esse verniz psicologizante, por esse sotaque psi pretensamente isento, acima de qualquer suspeita conceitual. Um sotaque carregado de termos obscuros e, ao mesmo tempo, sedutores, porque importados de jargões impenetráveis. Repito: nunca vi a psicologia ser convocada a explicar o sucesso escolar. Este é sempre pedagógico; já o fracasso é inapelavelmente psicológico. E isso tanto para as crianças de classe média quanto para as de camadas populares. Para estas últimas, ocorre uma associação mais que perversa entre o discurso sociologizante e o psicologizante. Isso significa que há algo insuportável em curso no meio escolar: de um lado, uma supersofisticação de discursos não-pedagógicos e, de outro, um nítido esmorecimento do diapasão pedagógico *stricto sensu*. Hiperatividade dos fazeres parapedagógicos que é filha da hipoatividade dos saberes pedagógicos. Ou seja: o discurso dos profissionais da educação parece gaguejar mediante as intempéries do cotidiano escolar. Não mais acreditamos que ensinar, com seus múltiplos mistérios, salva a lavoura do mundo. Supomos, ao contrário, que a clínica salva, que a família salva, que o governo salva, que o partido salva. Nós apenas precisaríamos ser salvos por um deles, quem quer que fosse. Trocando em miúdos, a gênese dos impasses escolares quase sempre é pensada como algo exterior às coordenadas escolares. Logo, sua administração só poderia se dar no exterior igualmente. Não mais acreditamos que se pode ensinar tão-somente, e que o outro, com isso, pode aprender. Rompemos com aquela convicção básica de que o que fazemos aqui é condição necessária e suficiente para atingir aquilo a que nos propusemos um dia: ensinar. Não mais acreditamos que o discurso pedagógico seja potente o bastante para dar conta dos entraves do dia-a-dia escolar. Acreditamos que ele é necessário, mas não suficiente. Por essa razão, buscamos essa pseudo-interlocução com os outros campos teóricos, o que acaba solapando o vigor possível do discurso pedagógico. Se há aí um discurso claudicante, isso se deve a essa balança de importação discursiva inflacionada, perigosamente desmedida. E como isso se traduz? Muito simples: na idéia de que todo professor precisa ser um pouco pai, um pouco psicólogo, um pouco amigo, um pouco assistente social. No mesmo golpe, ele transforma-se num pouco de tudo e nada de muito. Repito: em meu entendimento, os pedagogos e os profissionais da educação de maneira geral deveriam aproximar-se mais dos artistas do que dos psicólogos e dos sociólogos. Não tenho dúvidas quanto a isso. Ousar essa possibilidade de olhar para a vida sempre como se fosse a primeira vez, com esse olhar inédito, sem as amarras de objetos teóricos abstratos que não têm necessariamente a ver com o cerne do trabalho escolar. Apertamos demais o torniquete quando pensamos no aluno e em sua estrutura cognitiva, no aluno e no inconsciente, no aluno e nas condições de classe — justapondo entidades conceituais que acabam solapando o sujeito institucional concreto. Nossa entidade conceitual é o aluno, e ponto final. Desta feita, a justaposição do alunado a esses objetos dos outros campos do saber acabou causando uma espécie de eclipse do sujeito pedagógico. Por isso, tenho proposto, ultimamente, pensar no trabalho pedagógico de uma maneira cada vez mais minimalista.

## Como assim?

Reduzir o campo de análise a poucos objetos, à relação professor–aluno, por exemplo. Pensar nessa experiência singular sem recorrer a grandes objetos de outra natureza — objetos que se apresentariam de forma imanente ou transcendente a essa relação. Pensá-la como uma relação em si, única, ancorada no aqui-agora e não no "antes/fora". Isso porque temos o costume de pensá-la sempre como uma relação predeterminada ou sobredeterminada pelos elementos que a antecedem ou que a rodeiam. Por que alçar a um supersaber sobre o antes e o fora, e ignorar os mistérios do aqui e do agora? Tanto isso é verdade, que o meio escolar sacralizou, a partir dos anos 1980, um campo de trabalho parapedagógico que, a meu ver, não tem cabimento algum: a tal psicopedagogia. Tudo bem como especialidade teórica abstrata, mas como campo de atuação clínica, não posso concordar com esse tipo de prática que se alimenta dos restos escolares.

## Qual seria a atuação deles?

Eles falam muito em psicopedagogia institucional — que eu nunca vi e não conheço ninguém que viu. É psicopedagogia clínica o que se faz. Minha sensação é a de que os psicopedagogos clínicos, candidamente, lecionam em seus consultórios. Uma versão do antigo professor particular com algum sotaquezinho teórico-metodológico a mais. Curioso: o que se faz fora dos muros escolares é pedagógico, e o que se pensa dentro deles é psicológico, político, social, o escambau! Então, precisamos urgentemente refrear — a palavra é essa mesma, não há outra — a demanda psicopedagógica que existe entre os profissionais da educação, demanda que se traduz na oferta dessa vasta gama de serviços parapedagógicos (o que inclui psicanalistas, psiquiatras, psicomotristas, fonoaudiólogos e afins). Precisamos refrear essa demanda nefasta e, por extensão, a oferta questionável desses serviços quando atrelados à ação escolar. Como argumento, é inegável o fato de que não há hoje, na sociedade brasileira, uma instituição que promova mais encaminhamentos clínicos do que as escolas. Algo absolutamente assustador. Isso porque a lógica do encaminhamento ininterrupto é irmã gêmea da desincumbência profissional. Convém lembrar que só podemos ter êxito como profissionais se roermos os ossos de nosso ofício até o fim, até o tutano. Do modo como o cotidiano escolar está disposto hoje, atiramos, sem hesitação, nossos ossos para fora dos muros escolares, onde há uma matilha de profissionais, em tocaia, para saboreá-los. Tenho cá comigo a convicção de que nossa salvação, como instituição, mora em nossa própria danação. Ou seja, nossa redenção só pode advir daquilo que reputamos como os maiores obstáculos escolares. Repare no absurdo: um psicólogo da educação dizendo para os educadores que eles precisam fiar-se mais no discurso pedagógico e menos no psicológico. Todas as pessoas ajuizadas que conheço tentam fazer algo parecido com isso. Já as outras — a maioria, diga-se de passagem — ludibriam os educadores vendendo conceitos e laudos extremamente abstratos, nebulosos e, portanto, sedutores, porque inacessíveis. Uma oferta leviana para uma demanda incauta. Para mim, sala de aula não é problema, mas solução. Sala de aula é o império do bem-viver — algo intangível à clínica, ao palanque, aos gabinetes. Como ponto de honra profissional, deveríamos ter como único mote o de que as salas de aulas são espaços necessários e suficientes para que a boa vida se faça. É o lugar da liberdade humana, da reverência à obra humana. Sala de aula, para mim, é sinônimo — sem medo de ser piegas — do paraíso humano. Ou melhor, ela é a metáfora do oásis humano no meio do deserto da história. Precisa ser psicólogo nessa hora? Precisamos apenas da companhia de bons pensadores. E se o professor não é um bom pensador, ele é o quê, então? Fiscalzinho da ordem? Juizinho da norma evolutiva? Ora bolas!

# CONFERÊNCIA/DEBATE

# Sobre Ética e Democracia em Sala de Aula

É uma imensa honra, para mim, ter sido convidado a dialogar sobre algumas questões que hoje, mais do que necessárias, são urgentes. Eu fico me indagando sobre o porquê de congressos como este e chego à conclusão de que, mais do que nos capacitarmos profissionalmente, este momento tem uma função indubitável: é uma das ocasiões privilegiadas de formação continuada. Todos estão preocupados com este que é, em meu entendimento, um dos únicos valores sólidos e consensuais na profissão: o de que não é possível ser professor por completo. Nós estamos sempre em construção. Somos sempre "quase" professores.

Além desse caráter mais formal, de ir beber em outras fontes, parece-me que o efeito colateral deste tipo de encontro é a possibilidade de os profissionais compartilharem algum tempo juntos e, assim, poderem construir um certo reconhecimento coletivo sobre a profissão. Um certo reconhecimento que, de uma maneira ou de outra, nós sentimos que perdemos. Na verdade, eu nem sei se ele existiu um dia. É necessário, portanto, reconstruir, ou construir pela primeira vez — idéia que me apraz mais — uma certa visibilidade coletiva sobre o que é ser professor num contexto democrático. Para isso, partirei de um fato muito curioso que presenciei, numa circunstância semelhante à de hoje. Um fato digno de ser relatado e que constitui a introdução de meu último livro, *Do Cotidiano Escolar: Ensaios sobre a Ética e Seus Avessos*.

Antes, porém, devo esclarecer que venho aqui discutir questões que não são necessariamente acalentadoras. Aliás, só paramos para discutir ética quando as coisas não vão bem. Nós, educadores, vivemos essa iminência, esse risco o tempo inteiro. Isso porque a escolarização de massa, mais do que nunca, tem sido a palavra de ordem da democracia e, paradoxalmente, o motivo principal das queixas dos educadores. Do presidente da República ao morador de rua, todos consideram que o lema "Educação para Todos" é a solução para o país e para a vida das pessoas. E isto todos sabemos: o único bem verdadeiro que deixamos para nossos filhos é o que chamamos de formação.

Então, se por um lado todos compartilhamos hoje, de uma maneira ou de outra, a idéia de que a educação é a grande alternativa aos problemas sociais do país, que a educação é aquilo que, por exemplo, mantém a coesão democrática e daí por diante, por outro lado, não é o mesmo que os educadores pensam sobre educação na lida diária das escolas. Em síntese: no atacado, vamos muito bem, obrigado; no varejo, nunca fomos tão infelizes.

Segundo seus profissionais, o cotidiano escolar é pontilhado por inúmeros obstáculos, entraves que se vão avolumando em progressão geométrica e, o que é pior, sem solução à vista. Assim a sensação de mãos atadas vem contando com uma perigosa unanimidade. Tal estado de coisas exige um tipo de reflexão um pouco mais apurada do que essa que temos testemunhado no dia-a-dia. E é nesse sentido que, quando as pessoas vêm discutir honestamente com profissionais da educação — em congressos como este, por exemplo — é imprescindível que seja uma conversa entre pessoas maduras: aquele momento em que podemos parar para pensar com certa calma e sobriedade sobre algumas inflexões da vida, refletindo a respeito da parte que, no final das contas, nos cabe. Portanto, desconfiem de conferencistas que louvam demais os educadores, que fazem rir demais ou emocionar demais.

Nos últimos tempos, tenho pensado numa analogia sobre esses encontros: cabe vê-los como um momento de lambermos nossas feridas profissionais. Uma metáfora deselegante, mas que faz pensar. Lamber as feridas, na condição de gesto ancestral, significa criar mecanismos de auto-regulação interna. Em outras palavras, trata-se de sorver o próprio mal e encontrar, com seus próprios recursos disponíveis, um modo de suplantar o incômodo ou a consternação. Uma atitude de maioridade, pois.

Sendo assim, pode-se dizer que só se pode aceder a essa consciência coletiva da profissão se fizermos esse trabalho de auto-regulação coletivamente — ninguém pode fazê-lo por nós ou a despeito de nós. Fazê-lo juntos é o espírito, para mim, da reunião de hoje. Repito: desconfiem, por favor, quando estes encontros forem muito agradáveis. Eles não podem ser amenos; eles têm de ser fiéis ao momento histórico da profissão. Se é verdade que estamos vivendo uma profunda transição paradigmática, é verdade também que temos, no mínimo, de arcar com uma certa angústia em face dos espinhos da profissão nos dias de hoje. E essa angústia, às vezes, promove fatos como este que vou relatar a partir de agora.

Alguns anos atrás, estive num encontro como este. A um dado momento, uma professora, tomada por sua angústia, levanta-se na platéia e diz: "Professor, o senhor dê-me licença, pois tenho algo a dizer. Existe, sim, uma minoria ética, séria e responsável na educação brasileira hoje". De imediato, toda a platéia, movida talvez pela mesma angústia, começa a aplaudi-la bravamente, como se eu estivesse pressupondo o contrário. Passada a turbulência das palmas, ocorreu-me uma idéia razoavelmente simples: perguntar se ela fazia parte dessa minoria, ao que ela responde, ainda indignada: "É claro que sim". Ocorreu, então, outra idéia, que foi a de perguntar para a pessoa que estava ao lado dela se também fazia parte dessa minoria, e, como era de se esperar, a resposta foi afirmativa. Idem para a pessoa sentada do outro lado, e também para todas as outras pessoas daquela fileira, e as da fileira anterior, da fileira posterior etc. Em suma, todos os profissionais naquele auditório eram éticos, sérios e responsáveis, davam seu sangue, faziam o melhor de si. De tal fato decorre um problema no mínimo lógico-matemático, quando não filosófico, que é o seguinte: a maioria absoluta não é sinônima de minoria. E esse fenômeno eu vejo sempre se repetir nos lugares a que vou como conferencista. Eu sempre faço a mesma pergunta e poderia fazê-la aqui hoje: Quem não se considera parte dessa minoria ética, séria e responsável hoje nas escolas? E veríamos repetir-se o fato incrível de que há uma totalidade absoluta de pessoas que vestem a camisa escolar, que se julgam profissionais acima de qualquer suspeita. Então, pode-se deduzir, igualmente, que não deve haver problema algum com a escola brasileira. Certo? Errado. A rotina escolar brasileira está coalhada de questões que são, no mínimo, temerosas, assim como raros são aqueles profissionais que, de fato, tomam seu ofício como uma arte de viver. E quando digo isso, não me estou apoiando em metáforas indevidas. Quando falo da arte de viver, refiro-me a todo aquele que honra sua própria existência, que esbanja dignidade profissional, que toma seu ofício como um tipo sofisticado de escultura existencial.

Trabalhamos pelo menos oito horas por dia, dormimos outras oito, e nas oito restantes fazemos todo o resto. Então, se grande parte de nossas vidas passaremos trabalhando, a pergunta é: O que deixei de mim aí? Como foi minha vida? Porque, afinal de contas, toda a vida que tivemos está relatada num pequeno dia da nossa existência, e em nenhum outro lugar.

Por isso, eu gostaria de chamar a atenção para essa dimensão do trabalho, que é laica, que é exclusivamente humana: o trabalho de alguém que se posta perante outrem com a tarefa de educá-lo. O que quer essa pessoa? O que o torna um profissional da educação? Nosso impasse fundamental é exatamente este: absolutamente todos, e cada um de nós, pensam-se éticos, sérios e responsáveis. Mas o elemento complicador são exatamente os critérios que empregamos para avaliar nossas ações. Em outras palavras, qual é o termômetro da ética? Porque, de algum modo, todos temos razão. Todos somos éticos na medida da lealdade a nossas crenças, àquilo que acreditamos ser uma conduta ética. Muitas vezes, mesmo aquele professor que entra em sala de aula e não vê a hora de ir embora também considera que está agindo no seu limite, que está dando o melhor de si. E o problema é exatamente esse.

O maior impasse da educação brasileira remete, a meu ver, ao fato de nós não comungarmos de um consenso mínimo sobre o que é educar hoje, o que é fundamental no trabalho de um profissional da educação, aquilo que regula esse fazer social específico. Isso porque uma primeira definição de ética tem a ver com aquilo que regula nossas ações na vida, ou seja, os nortes, os princípios de onde partimos e onde queremos chegar, os fins — porque viver é sempre o meio entre determinados princípios e fins. Então, se ética é aquilo que regula nossas ações, ela deve estar sustentada por valores que sejam visíveis, compartilháveis entre os profissionais da educação. Por isso, já que raramente compartilhamos nossas idéias publicamente, raramente conseguimos saber o que temos minimamente em comum. Esta é outra idéia interessante: a ética é aquilo que nos une para que possamos diferenciar-nos uns dos outros e, então, para que nosso trabalho possa ser julgado, tanto por nós mesmos quanto pelos outros.

Somos hoje uma massa uniforme, homogênea — tanto que, quando se evoca o trabalho docente, quase nunca se leva em consideração que não somos iguais, que há práticas absolutamente díspares no interior das escolas, e que o trabalho duvidoso de um profissional corrói o trabalho dignificante de outros dez. Parece-me que, nesses momentos em que se reúnem as pessoas ligadas à educação, não há nenhum inimigo externo. Então podemos dialogar sem nos sentirmos ameaçados e suspender um pouco de nosso corporativismo tão arraigado. Um auditório fechado durante duas horas, com 1.400 pessoas juntas, é um prato cheio para lambermos nossas feridas. E a única alternativa que temos é a de pensar sobre esses consensos mínimos, esses valores fundamentais que orientam e justificam as escolhas cotidianas de uma categoria profissional. Vivemos hoje uma certa confusão no dia-a-dia escolar, em que o vale-tudo impera. Valem todas as coisas que nossos colegas fazem, que nós próprios fazemos. E é isso que nos torna uma massa homogênea que, no entanto, é solitária, não se identifica. Padecemos profissionalmente de solidão crônica. Sem dúvida, somos estranhos em nosso próprio ninho. Tomemos, por exemplo, dois professores da mesma disciplina, com a mesma formação e a mesma faixa etária, trabalhando na mesma escola, ambos em duas 7as séries diferentes. Seus pressupostos profissionais serão "dialogáveis"?

Estou apenas rascunhando aqui algumas idéias de fundo, porque o objetivo de minha fala é ser somente um canteiro de idéias, nada mais. Vou revolver a terra, mas a tarefa do plantio é de vocês. Considero que este é o fundamento das pessoas que pensam seriamente na educação: revolver os lugares-comuns para criar oxigenação, sem medo do desequilíbrio que isso provoca. Não temos nada a perder. Por isso, parece-me muito interessante essa possibilidade de rompermos um pouco o isolacionismo que nos acomete. Não há entre nós um diálogo afinado e constante sobre aquelas questões mais sutis e, por isso, mais importantes do dia-a-dia. Porque a ética, caros colegas, mora nas entrelinhas. A relação de um casal, por exemplo, não está no que os parceiros fazem de formal, de objetivo. Por meio das pequenas decisões que eles tomam diariamente, o amor vai se materializando (ou se esvaindo) silenciosamente. São os pequenos gestos do cotidiano que vão dizendo para o outro, quase que sem dizer — ou seja, nas entrelinhas —, algo fundamental: eu ainda amo você, ou não; ou o oposto.

Então, algo semelhante ocorre na relação com os alunos em sala de aula, porque é lá que acontece de fato a educação brasileira. É lá que você vê essa orfandade paradigmática — é um nome muito pomposo para falar dessa dificuldade em relação à partilha de alguns valores mínimos. Quem sabe um dia ainda poderemos honrar um lema do tipo: "Professor é tudo igual, só muda de endereço", como dizemos sobre as mães. De alguma maneira, seja no Oiapoque ou no Chuí, as mães parecem compartilhar silenciosamente um consenso mínimo de que uma mulher, toda vez que se posta diante do trabalho de criar uma vida, tem de encarnar alguns requisitos mínimos. Há algo que as une e que remete à idéia de cuidar da sua prole da melhor maneira possível. Assim, penso que a questão fundamental que deveria unir os profissionais da educação seria, num sentido restrito, cuidar da prole dos outros. Em última instância, essa é a única diferença que marca o campo educacional: cuidamos da prole alheia, para que esses seres possam tornar-se cidadãos mais tarde, para que eles possam minimamente participar do mundo público tal e qual nossos filhos, e assim por diante. Entretanto, é bastante corriqueiro ouvirmos dos educadores que a prole alheia é desajustada, que ela provém de famílias desestruturadas, que ela carrega problemas psicológicos etc. Essas idéias circulam no cotidiano escolar com uma naturalidade espantosa, de tal maneira que acabamos compartilhando apenas as queixas. Compartilhamos o fastio com a profissão, e raramente o regozijo para com ela.

Há um breve texto de Konstantinos Kavafy (poeta grego do começo do século XX, pouco conhecido no Brasil, com uma única obra publicada aqui) que sinaliza, a meu ver, um pouco essa questão da ética. O título desse texto é "Ítaca", aquela primeira imagem idílica do personagem Ulisses. Ítaca é uma metáfora da vida e da morte. Diz Kavafy:

"Se partires um dia rumo a Ítaca, faz votos de que o caminho seja longo, pleno de aventuras e de descobertas. Lestrigões, Ciclopes e mais monstros, um Poseidon irado — não os temas; jamais encontrarás tais coisas no caminho se altivo for teu pensamento, se sutil emoção teu corpo e teu espírito tocar. Lestrigões, Ciclopes e outros monstros, Poseidon em fúria — nunca encontrarás, se tu mesmo não os levares dentro da alma, ou se ela não os erguer perante ti. Deves orar por uma viagem longa. Que sejam muitas as manhãs de verão, quando, com que prazer, com que deleite, tu hás de entrar em portos jamais antes vistos. Em colônias fenícias deverás deter-te para comprar mercadorias raras: madrepérolas, corais, âmbares e ébanos. E perfumes sensuais de toda espécie: compra desses perfumes quanto possas. E vai ver as cidades do Egito para aprenderes com os que sabem muito. Terás todo o tempo Ítaca na mente, que lá chegar é o teu destino último. Mas não te apresses nunca na viagem. É melhor que ela dure muitos anos, que sejas velho já ao ancorar na ilha, rico do que foi teu pelo caminho, e sem esperar que Ítaca te dê riquezas. Ítaca deu-te essa viagem esplêndida. Sem ela, não terias partido. Mas Ítaca não tem mais nada para dar-te. Por pobre que a descubras, Ítaca não te traiu. Sábio como és agora, senhor de tanta experiência, terás compreendido o que significam Ítacas."

Ítaca, pode-se dizer, tem a ver com a idéia de ética com a qual estou trabalhando aqui. E só discutimos ética porque se trata de um trabalho radicalmente humano, fruto da relação entre os homens. Em última instância, esse trabalho de interrogação das escolhas é o único que fazemos sobre nós mesmos durante a vida, todo dia. E a vida é essa espécie de travessia para algum lugar que não sabemos qual é. Para onde nos encaminhamos, afinal, nesse comboio desgovernado que é o viver? Ninguém sabe. Mas Kavafy relembra que, mesmo se chegarmos lá e não houver nada daquilo que imaginamos, tal fato não desqualifica a caminhada. Ao contrário. A bem da verdade, é muito provável que cheguemos a Ítaca no final de nossos dias e nada haja lá, ou que ela seja demasiado inóspita. Mas se assim o for, ela não nos traiu, porque ela proporcionou o caminho até lá, e é isso que chamamos, em última instância, de vida. Se nós, depois da morte, retornamos na condição de alimento de verme ou ajudante de arcanjo, ou simplesmente não retornamos, tanto faz. A questão que se coloca para os viventes é a de como estamos vivendo aqui, nessa vida "tão breve e boa", nos termos de Adélia Prado. Afinal de contas, essa interrogação é uma tarefa intransferível da raça humana, a mais pesada e mais leve de todas.

Imaginemos algo inusitado. Se aparecesse um gênio da lâmpada e ele lhe propusesse a seguinte questão: "Se você tivesse a possibilidade de viver sua vida de novo, você seria outra vez um profissional da educação?". Essa é uma pergunta que valeria a pena ser feita todos os dias, porque a resposta implica o posicionamento ético no lugar em que já se está. A vida exige uma espécie de voto de confiança em nós e no outro. Um voto perene, que precisa ser refeito, de algum modo, a cada dia que passamos pelo portão de uma escola ou pela porta de uma sala de aula. No entanto, padecemos atualmente de um contra-senso: perdemos a fé no ato de educar.

Toda prática de valor exige fé — e fé não no divino, mas na própria condição humana, na radicalidade da condição humana. É desse amor à raça que eu falo, amor ao que as religiões chamam de "meu semelhante". Mas, em geral, as religiões fazem-no de modo bem abstrato. Em contrapartida, o educador depara com aquele semelhante que o desconcerta, que é sempre enigma. Retomando: nós somos uma geração que tem desconfiado da potencialidade desses nossos semelhantes — que serão a geração dos mais velhos amanhã. Aliás, de repente, como num passe de mágica, tornamo-nos a geração dos mais velhos. Num determinado dia, passados alguns anos no seu ofício, você se dá conta de que virou o porta-voz dos antigos, de que é muito mais velho do que aquela moçada que está lá. De fato, o mundo não pára. Os alunos brotam do chão. E a vida vai se repetindo, cada vez diferente. Ela vai se renovando com uma violência absurda às vezes, porque esses novos que brotam do chão empurram-nos para fora do lugar de iniciante. Eles empurram-nos para frente, sempre. E eles pedem respostas, sem cessar. E um dia, sem querer, você descobre que, mais do que estar ensinando logaritmo ou Revolução Industrial, você está desenvolvendo outro tipo de diálogo com eles. Há um diálogo num outro diapasão, tal como o marido e a mulher, o pai e o filho, dois amigos. O mesmo acontece entre professor e aluno — nas linhas ensinam-se conteúdos, nas entrelinhas ensinam-se valores. E quais valores temos ensinado?

Além disso, como é possível ensinar o que se desenrola na dimensão das entrelinhas? Não há como fazê-lo — tanto que é algo absurdo o que estou fazendo aqui. Estou me predispondo a falar sobre coisas que não se ensinam, que escoam silenciosamente na relação professor–aluno. O ato de eu discorrer sobre elas não ensinará ninguém a fazê-las, mas talvez provoque alguma inquietação. E essa é a única maneira de formar professores: provocar estranhamentos e, quem sabe, momentos de reflexão honesta. Porque refletir, entre outras coisas, sobre os impedimentos da clientela escolar e a desestruturação do mundo contemporâneo já sabemos fazer, e com destreza. Isso se chama pasteurização, não reflexão. Refletir é desconfiar da experiência, é afrontar as coordenadas do suposto bom senso nosso de cada dia. Isso que queremos de todo modo que os alunos façam, mas que nós próprios raramente fazemos. Nem sempre nos colocamos no lugar daquele que pode duvidar do que achava que sabia. É só isso que nos torna seres humanos melhores, em última instância, ainda mais os profissionais ligados ao conhecimento. Pois bem, como é possível ensinar a vocês algo que não é "ensinável", que está nas entrelinhas? Essas coisas terão de ser vivenciadas na relação que estamos tendo aqui, nesta sala de aula com 1.400 alunos. Então, o teor ético da ação docente não reside exclusivamente nos conteúdos, nas linhas gerais do que se diz, mas em outra mensagem que se insinua nas entrelinhas. Dizia Caetano Veloso: "Será que será que será que será que essa minha estúpida retórica terá que soar, terá que se ouvir por mais mil anos?". Até quando teremos de discutir ética e democracia em sala de aula? Para isso fui convocado — o que remete a um contrasenso, pois não deveríamos mais estar falando sobre essas coisas. Mas se isso acontece, menos mal. Pelo menos, estamos chegando mais perto do dia em que não precisaremos mais fazê-lo.

Somos uma geração que olha para a próxima com desconfiança. E quando um povo olha para seus sucessores sem esperança de que a vida se renove para melhor, as coisas vão mal. Por isso, mais velhos, a nova geração nos substituirá de qualquer maneira. E ela nos empurrará para fora do tablado, para fora da cena. Ela ocupará nossos lugares em brevíssimo.

Vale a pena perguntar, pois: Como nos estamos relacionando com a nova geração? Porque, queiramos ou não, ela é a imagem possível do futuro quase imediato. Um futuro esculpido à nossa imagem e semelhança, que se converte em perplexidade e estranheza. Julgamos que aquilo que as crianças e os jovens respondem nada tem a ver conosco; que eles são anômalos, disfuncionais; que suas atitudes são estranhíssimas; que eles perderam qualidades que eram fundamentais. Como é que se pode perder algo que nunca foi dado? Porque, na verdade, os embaraços que a nova geração está trazendo para o interior da escola são restos do que nossa geração deixou para trás. Nada há de tão novo assim sob o Sol.

Eu sou psicólogo de formação, com mestrado e doutorado em psicologia escolar, e professor da USP na área da psicologia da educação, e posso afirmar, com uma razoável segurança, que hoje esse diapasão psicologizante que existe nas escolas é um inimigo atroz — e, paradoxalmente, demasiado bem-vindo — de todo e qualquer profissional da educação. O diapasão psicologizante, fruto dessa habilidade implacável dos psicólogos clínicos, é aquele que nos faz mirar o outro com estranheza, buscando nele uma inadequação, um desequilíbrio, uma carência de algo que não sabemos exatamente o que é.

Nada de errado com o discurso psicológico. Mas bem longe das escolas, por favor! Nenhum problema com as práticas psi no território da clínica. O problema é quando o discurso psicológico invade as fronteiras do território pedagógico. Costumo empregar uma imagem deselegante, sem dúvida, mas que funciona para compreender esse estado de coisas: há hoje dentro da maioria dos profissionais da educação um psicologozinho canalha à espreita. O psicologozinho canalha é aquele que, no afã clinicalizante, permanece à cata de sintomas no outro, para justificar sua inconformidade e inadequação ao padrão escolar. Inadequação de quem mesmo? Curioso: eu sou professor de psicologia da educação na formação inicial de professores, e meu trabalho é o de ensinar os futuros professores a não psicologizar. Sim, porque eles passam pela porta da sala de aula e, de imediato, começam a rotular o alunado — fazer funcionar suas "metralhadoras cheias de mágoa", nos termos de Cazuza. Aliás, acontecem coisas misteriosas quando as pessoas passam pelos portões de uma escola. Por alguma razão, pessoas que têm visões dinâmicas e complexas da vida, entram na escola e uma aura conservadora toma-as de assalto. Elas passam a validar clichês bastante duvidosos para um educador democrático, como, por exemplo, o de que não é possível todos aprenderem, já que lhes faltam condições apriorísticas, pré-requisitos etc. Da porta da sala de aula para fora, julgamos que macaco aprende, que cachorro aprende, que pomba aprende. Da porta da escola para dentro, não acreditamos que se possa ensinar a todos, tamanha nossa dificuldade, por exemplo, de lidar com a idéia da inclusão. Todos já ouviram falar da famigerada premissa da inclusão extensiva a toda criança em idade escolar. Mas eu pergunto: Há alguma inclusão de fato em sua escola? Não há, pelo menos na imensa maioria das escolas. Aliás, já que eu estou na toca do lobo, devo dar um puxão de orelhas nas escolas particulares. Como a rede privada vem lidando com as diferenças do alunado? Volta e meia, sou convocado pelos jornais a me posicionar com relação aos encaminhamentos de crianças "diferentes demais" para outras escolas. Isso é muito suspeito, colegas. Sabem qual uma outra boa definição de ética? Tratar o outro como você gostaria de ser tratado; em nosso caso, tratar os filhos dos outros da maneira como nós gostaríamos que os nossos fossem tratados. Mas acontece algo fantástico no meio do caminho: professores têm filhos, e filhos de professores causam problema. E quem causou o problema dos filhos de professores? A família. Trata-se de um momento interessantíssimo quando o veneno pedagógico volta-se contra quem dele se vale. Ora, se prestarmos atenção, a escola é composta por uma instigante fauna humana, no bom sentido do termo. Há gente para todos os gostos, de todas as cores, "marcas e modelos" — e essa é a graça da democracia. A grande conquista de uma instituição democrática é a de contar com pessoas de todos os jeitos. E vocês acham que eu estou falando dos alunos?

Já repararam num fato curioso? Se buscarmos em nossa memória pedagógica a imagem de um professor marcante, encontraremos pelo menos um que era meio excêntrico, esquisito. Ele não era uma pessoa banal, mediana. Aliás, essa é uma das únicas profissões que permite ao profissional aprimorar-se com o tempo. Não necessariamente, mas é uma das únicas que permite trabalhar, ao mesmo tempo, com o intelecto e a juventude. Assim, envelhecer não é nenhum problema para o professor, ao contrário. Tanto que eu desconfio hoje, em igual intensidade, de professores jovens e professores antigos. Ambos podem ser anacrônicos, ou o inverso. Porque, repito, ou pensamos de maneira séria sobre os dilemas da ética na escola, ou estaremos gastando nossas vidas em mais uma manhã ordinária — mais outra manhã ordinária, como a maioria delas. Voltando ao professor esquisito, nossa profissão oferece uma liberdade sem precedentes, e muitas vezes nem sabemos usufruir dela a contento. Ela oferece a possibilidade de uma existência singular — e quanto mais singular é o professor, mais seus alunos se aproximarão dele. Singular em qual sentido? Não precisa fazer pirotecnia pedagógica para chamar a atenção de ninguém. Todo aquele que está "*too much in the sun*", nos termos de Hamlet, está de alguma forma iluminado. Isso significa que esse professor sabe, de um modo ou de outro, o que ele está fazendo lá, porque ele escolheu fazê-lo assim. Ou seja, ele tem clareza de suas escolhas, mesmo que o outro não tenha das dele. Assim, ele não precisa chamar a atenção de ninguém, já que está exercendo apenas uma espécie de fascínio pessoal por determinado campo de conhecimento. Porque raros são aqueles profissionais que ainda pensam no trabalho de conhecer como uma estratégia de dignificação da própria vida. Lá pelas tantas, ele começa a brincar seriamente daquilo que, um dia, escolheu na vida — queria ser geógrafo ou físico ou matemático — e descobre que é plenamente possível transformar a sala de aula numa espécie de palco existencial para si e, simultaneamente, laboratório de conhecimento para o outro. Porque sem ensinar às pessoas que há poesia na física, que há estética na matemática, que se pode ver o esplendor da vida na biologia, que o mundo não vale tanto a pena sem a companhia de Guimarães Rosa ou de Carlos Drummond de Andrade, não será possível transformar as salas de aula em ocasiões ímpares da vida, onde se consegue romper um pouco essas coordenadas estreitas de tempo e espaço nas quais vivemos hoje. Uma aula, quando bem-feita, proporciona uma espécie de imersão numa outra dimensão do tempo: um tempo longo, profundo, arrastado. Um tempo em que a vida se expande. Um tempo em que se dilata a experiência fugidia do viver.

Mas há uma diferença fundamental entre professores e alunos. Eles não são iguais, nem sequer parecidos. Crianças de 7, 17 ou 47 anos agem de maneira semelhante. Uma vez aluno, sempre aluno. Eu já tive alguns alunos bem mais velhos do que eu e era engraçado. Eles também burlavam as regras, queriam ir embora cedo, reclamavam dos deveres, pediam para não ter trabalho etc. Coisas meio ridículas, mas muito interessantes. E interessantes por quê? Porque, uma vez colocados na condição de aluno, eles infantilizam-se um pouco, esperando que o professor diga como é mesmo a vida que ali se esboça, qual a novidade que seu discurso anuncia, qual a promessa de mundo ali forjada. E essa é uma construção que recomeça todo semestre. Os alunos não vêm prontos, jamais. Então, parem de se queixar que os alunos estão chegando de um jeito assim ou assado. Se você continua se queixando, a razão deve ser uma só: eles estão chegando e passando por você do mesmo jeito. Você não está conseguindo, portanto, marcar uma diferença. Em suma, como eles chegam até nós não interessa.

Sabem quando uma instituição entra em crise? Quando não há diferenciação entre clientela (não são "clientes") e agentes; em nosso caso, alunos e professores. E quando digo professor, estou me referindo também a diretor, coordenador, orientador etc. Uma instituição escolar entra em crise quando o profissional começa a se infantilizar também, a fazer birra do tipo "ou ele ou eu". Bem, caro colega, o que você deseja, afinal? A resposta é sempre a mesma: "Eu queria que esses alunos tivessem mais respeito, responsabilidade etc.". Mas como se pode pedir isso a uma criança de 7, 10, 13 ou 16 anos de idade? Essas qualidades não vêm de véspera, elas têm de ser construídas na relação com o professor. E, mais importante que tudo, se você não acredita que as crianças e os jovens de hoje são capazes de construí-las, é melhor abandonar a profissão. É disso que falo quando evoco a noção de ética. Para mim, ética democrática significa compartilhar, na intimidade, aquilo que é de natureza pública. Por isso eu dizia que padecemos de uma certa orfandade paradigmática.

Orfandade paradigmática é isto: não termos valores em comum. Isso porque o que constitui uma profissão ou um modo de habitar a vida é um certo compartilhamento de uma visão de mundo mínima. E uma visão de mundo mínima em educação, em meu entendimento, remete à convicção de que é possível ensinar, em toda e qualquer circunstância. Se partirmos do pressuposto de que não é possível ensinar naquela dupla dimensionalidade das linhas e entrelinhas, não haverá relação professor–aluno que se sustente. Um exemplo disso: "Eu vou lá e dou minha aula; se o aluno aprende, muito que bem; se ele não aprende, o problema é dele". Não, meus caros, o problema é nosso. Ou então: "Já que ganho pouco, não sou obrigado a agüentar gente mal-educada". Não, meus caros, são obrigados sim. Esse é o fêmur de nosso ofício.

Há uma situação dramática que ilustra razoavelmente as conseqüências dessa dissociação: alunos de 5ª série que ainda não têm um domínio razoável de leitura e escrita — fato com o qual nos acostumamos bem demais — na escola pública escancaradamente; na escola privada, mais ou menos. Aliás, colegas da escola privada, não vejo diferença nenhuma entre os impasses da escola pública e os da escola particular. Trata-se da mesma orfandade paradigmática; só muda o sotaque. A escola privada de hoje, salvo raras exceções, ainda vende uma imagem análoga à da escola pública dos anos 1950: elitista, conteudista e repressiva. É esse o modelo de educação que se quer para o século XXI? Então, muita seleção, muito conteúdo e rédea curta: eis o quadro privado. Tanto que sou sempre convocado a me posicionar sobre escândalos escolares, por exemplo, a exclusão velada de jovens homossexuais; expulsa-se simplesmente. Mas como expulsar é ilegal, é contra o Estatuto da Criança e do Adolescente, é contra a LDB, contra a Constituição e contra o bom senso, os profissionais acabam orientando os pais a "encaminhar o problema" para outro local. Isso é ético? E se fosse seu filho? Crianças portadoras de necessidades especiais então, nem se fala. Elas são ilustres desconhecidas da escola privada. Idem para os negros. Ora, é esse o tão propalado modelo de excelência que se quer entre os educadores da rede privada? Essa questão precisa ser respondida, sob pena de se criar um tipo de instituição totalmente alheia aos clamores de um país em democratização. Muitas vezes, o calvário da escola privada é o de seus profissionais permanecerem a reboque da vontade da freguesia, isto é, permanecerem encenando mercadologicamente uma determinada imagem de escola para um público que conhece muito bem a tal escola dos anos 1950. Então, parece que a ação das escolas particulares está regredindo no tempo, uma vez que seus profissionais não conseguem contra-argumentar com os pais-consumidores: "Meu caro, essa demanda que você está apresentando é algo que não faz mais sentido por causa disso, disso e disso". Muitas vezes, os profissionais da educação ficam encurralados por demandas que não se cumprem, mas que nunca são desmistificadas, muito menos recusadas. E os gabinetes de coordenação e direção representam esse momento de encontro entre a dimensão educacional e a dimensão mercantil do ensino particular. Azar. Coordenador e diretor de escola privada morrem cedo.

Nesse sentido, proponho um desafio aqui, com algumas palavras bíblicas de nosso conhecido São Mateus: "Porque a qualquer que tiver será dado e terá em abundância, mas ao que não tiver, até o que tem ser-lhe-á tirado". Esse me parece o dilema ético fundamental que vivemos hoje, não só nas escolas particulares e públicas, mas nas instituições democráticas de modo geral. Vocês sabem que somos uma geração estranhíssima, já que fomos educados na ditadura e estamos tendo de educar na democracia. E a diferença fundamental, no varejo do dia-a-dia, entre essas duas modalidades é uma só: o mundo não mais se organiza segundo as velhas coordenadas de mando e obediência; não funciona conosco, que dirá com os outros. Professoras, vocês obedecem aos seus maridos? Pois é. Mas a mãe de vocês obedeceu. Então, alguma coisa de radical aconteceu nessas últimas décadas, fruto do processo de democratização política do país. Vejam que coisa interessante: o processo de democratização política do país foi criando uma nova consciência acerca da vida civil e da vida pública entre os brasileiros. Tornamo-nos pessoas petulantes, que reivindicam seus direitos — um sintoma salutar de cidadania. E como terminou o processo de democratização política do país? Com os brasileiros escolhendo, pelo voto direto, o presidente da República. Elegemos uma pessoa corrupta. Cometemos um erro histórico, mas conseguimos corrigi-lo a tempo. E reparem que prova de fogo para a solidez democrática: depois de dois anos de mandato, ele foi deposto, e o país prosseguiu sem grandes traumas e sem medo de um retorno ao passado. O que começamos a testemunhar a partir daí ou em paralelo a isso? Indícios de democratização social. E o que isso significa? Vamos por partes. São dois os princípios fundamentais que sustentam a democracia nas instituições políticas: o princípio da maioria e o da representatividade, ambos sustentados na premissa da igualdade dos cidadãos. Muito bem. Mas somos todos iguais? Na esfera política, a vontade da maioria simples é soberana. É assim que funciona. Entretanto, somos iguais apenas uma vez a cada quatro anos; depois voltamos à velha vidinha do dia-a-dia em que somos radicalmente diferentes uns dos outros. Desse modo, a idéia de democracia social não pode estar pautada na premissa da igualdade direta, mas na de eqüidade. Ou seja, todos temos direito à igualdade, desde que resguardadas nossas diferenças. Democracia é um sistema de governo possível e viável na esfera política, tanto que temos hoje uma democracia bastante sólida no país. Só que democracia social é uma forma de organização da vida social muito mais complexa, já que não adianta baixar decreto para que as pessoas sejam democráticas umas com as outras. A luta pela democratização faz-se no dia-a-dia por parte das pessoas comuns, cujas relações são marcadas pelo princípio da assimetria. Eu não sou igual a meu médico quando vou consultar-me, tampouco quero ser igual a ele. Isso porque existe uma assimetria radical e necessária entre médico e paciente, entre professor e aluno, entre pai e filho etc. Por exemplo: você não discute banho, almoço ou remédio com criança pequena. Então, não é possível ser democrático no sentido de ser igual ao outro na esfera civil, no mundo do dia-a-dia. É na diferença, compartilhada e mutuamente respeitada, que constituímos a possibilidade de uma vida coletiva digna — e isso sem que haja "superiores e inferiores". E o que amalgama essas pessoas tão diversas além da idéia de autoridade? Autoridade é aquilo que articula as pessoas em torno de algo comum. E quais são seus ingredientes principais? O respeito e a admiração pelo outro. Sendo assim, voltamos ao nosso problema fundamental: à primeira vista, nossas crianças não nos respeitam mais. Como fazer com que elas nos obedeçam? *A priori*, este poderia ser entendido como o grande desafio escolar atual. Não é, ou ao menos não deveria sê-lo. A pergunta é outra: Como fazer para convencer o outro a pactuar comigo? É por isso que começamos a viver, a partir dos anos 1980, uma modalidade de relação interpessoal menos estratificada e, portanto, menos autoritária — o que é ótimo e terrível para nossa geração. Isso porque fomos educados com a esperança de que "eu obedeço hoje para ser obedecido amanhã". Só que a sensação dos contemporâneos é a de que já obedecemos lá e obedecemos aqui de novo. Em suma, vivemos uma espécie de reinado sem súditos, batendo o pé para sermos obedecidos, porque, afinal de contas, nós obedecemos até ontem. É preciso recordar que, até os anos 1970, as instituições sociais organizavam-se em torno de um diagrama social do tipo escada: eu estou num ponto entre alguém superior e outrem inferior a mim; então, eu aceito e obedeço, mas alguém terá de me obedecer também. Era assim que funcionava o mundo: o pai mandava na mãe, que mandava nos meninos, que mandava nas meninas, que mandava no caçula. Ora, o problema é que os alunos de hoje nasceram, no máximo, em meados dos anos 1980. Eles não conhecem esse diagrama de mundo que vivemos na pele e que ainda reproduzimos de algum modo, mas que vai morrer conosco. Só quando nossa geração desaparecer, isso vai acabar. Que bom. Porque cidadania não combina com mando e obediência. Cidadania democrática tem a ver com a possibilidade de habitar o mundo estabelecendo relações de eqüidade e parceria com os outros ao redor — o que compreende professores e alunos, negros e brancos, homens e mulheres, mais velhos e mais novos, e assim por diante.

Um exemplo concreto desse cenário em reconstrução é a mulher. Essa é a primeira geração de mulheres que, pelo menos se não teve, tomou como problema a idéia do orgasmo. Sim, porque antes as mulheres tinham de "servir" aos seus maridos. E essa nova consciência criou problemas insuspeitos para seus maridos, porque, pela primeira vez, eles também tiveram de tomar o orgasmo feminino como uma questão legítima. Porque é direito de todo ser humano ter orgasmo — vocês compartilham dessa idéia, não é? É normal, é bom, é saudável, e não é palavrão. É bem provável que, nesse quesito, as pessoas da próxima geração serão mais felizes do que as dessa. Nossa geração é sofrida, batalhadora e, às vezes, desesperançada. Mas pergunte a qualquer mulher: "Você trocaria a vida que tem com a que sua mãe teve?". Ela não troca. É uma vida angustiante, ela tem um milhão de funções paralelas, ela tem de se desdobrar em várias, mas ela conheceu a idéia de liberdade. E isso não tem preço. Trata-se, a meu ver, de um saldo do processo, ainda em curso, de democratização social do país. São pequenos *flashes*, os primeiros raios da cidadania democrática, que reverberam na relação entre homens e mulheres.

Atualmente, vivemos no país essa ebulição constante, traduzida no fato de que ninguém obedece e ninguém manda. Isso significa que ninguém pode rebaixar o outro perante suas possibilidades de estar inteiro no mundo; ninguém pode excluir o outro da cena social; ninguém pode roubar dele a possibilidade de participação. E isso se chama cidadania. Cidadão é aquele que pode participar eqüitativamente da vida na cidade. Aquele que pode ter garantido um lugar no cenário do mundo — talvez não o lugar da frente, mas um lugar digno na vida em comum. Um bom exemplo desse processo é o de que, curiosamente, começamos a conversar publicamente sobre ética no país no exato momento em que se solidificava a democratização política, com o Movimento pela Ética na Política. Começamos a nos preocupar com as questões da ética no momento mesmo em que iniciava o trabalho maduro da sociedade civil, no momento em que deixamos de ser tutelados por um Estado onipresente e onipotente. E outra: acabou essa festa de esperar que o Estado venha com seu braço forte, protetor e magnânimo iluminar os cidadãos. Estado democrático não funciona assim. A democracia não resolve automaticamente os problemas que herdamos da ditadura. Aliás, os problemas que hoje enfrentamos sempre existiram: eles só estão mais expostos agora. Pois bem, o desafio fundamental da democracia, do ponto de vista social, é como conseguir transformar em maioria absoluta aquilo que, no plano político, garante-se com maioria simples. Então, a democracia social não pode funcionar na base da maioria simples (metade mais um). Ela tem de visar à maioria absoluta. E essa corda sempre arrebenta no imaginário escolar: "Eu tenho uma minoria problemática em sala de aula; se eu der atenção a ela, acabo abandonando o resto". E eu respondo: Abandone a maioria, porque ela anda sozinha. Se colocarmos um macaco dando aula, no final do ano os alunos fazem as provas e passam de ano do mesmo jeito. Porque sempre damos em abundância para aquele que já tem, e daquele que não tem tiramos até a possibilidade de ele vir a ter um dia. Eu proponho, então: inverta a lógica da maioria em primeiro lugar e privilegie a minoria. Todos ganham com isso. Por quê? A minoria dita problemática é o filé mignon da profissão, aquilo que nas outras profissões é disputado a tapa — quanto maior o desafio, maior o regozijo profissional. Pergunte a qualquer profissional da educação qual é a fonte de seus problemas, quais são os responsáveis por seus entraves profissionais. A lista é imensa: o capitalismo, a globalização, o presidente, o ministro, o governador, o prefeito, o secretário da educação, o supervisor de ensino, o diretor da escola, as famílias, a mídia, a sociedade, o Estatuto da Criança e do Adolescente. Ah, sem esquecer aquele petulante radical lá da USP que veio falar aquelas coisas sobre ética. "Se não tivesse essa gente no mundo, seria ótimo trabalhar com educação." Ponto pacífico, esses problemas todos teriam gerado a safra atual de alunos que invadiu as escolas. "Porque, olha, tem uns lá que não dá, não dá."

Dá para concluir, então, que a grande fonte de entraves profissionais para os educadores é, hoje, a própria clientela escolar. Vejamos o absurdo dessa idéia: eu vou só trocar os termos professor e aluno e colocar outros no lugar. "O grande entrave do médico são os pacientes; o grande entrave dos escritores são os leitores; o grande entrave da cozinheira são as pessoas que têm fome." Faz sentido? Esses exemplos servem apenas para demonstrar um pouco as idéias absurdas que circulam entre nós com a maior naturalidade do mundo. Elas circulam e nós as referendamos, porque a experiência supostamente as comprova. "Mais vale a prática que a gramática", certo? Errado. Evitem, por favor, mandar-me questões do tipo: "Mas você já deu aula para uma sala de 45 alunos de 8ª série?". Evitem, porque se você que experienciou isso subtraiu a constatação de que se trata de algo penoso, quixotesco, quando não impraticável, parabéns! Você acabou de confirmar que essa é uma profissão que não vale mais a pena, além de que todos estão errados ao supor que a educação é o mais valioso de todos os bens humanos.

O problema ético na educação é exatamente este: confiamos demais no que a experiência decreta — em outras palavras, o poder devastador do tirocínio. Na maior parte das vezes, a tal experiência decreta que a educação não é mais possível ou, pelo menos, que ela não é completamente possível. Ou ainda, se ela é possível, que resta sempre uma sensação de vazio, que aquilo que fizemos não foi o suficiente ou acertado. Meus caros, o resultado do trabalho de um professor demora vinte anos para surtir efeito. Se, como eu dizia antes, a profissão oferece uma liberdade sem igual, ela também exige algo em troca: um bom tanto de paciência. Você está andando no centro de Porto Alegre, e aí um sujeito começa a lhe encarar e apertar o passo em sua direção: ou ele é assaltante ou é um ex-aluno. Aí, o sujeito chega perto e diz: "Você não é tal pessoa, que deu aula em tal escola, em tal ano?". E é curioso porque ele não vem dizer que a geografia ou a matemática mudou o destino profissional dele. Ele vem contar o que ele fez de sua vida nos últimos anos, como se você fosse responsável por isso de alguma maneira. Como se o fato de ele estar lá hoje, fazendo determinadas coisas, tivesse a ver com o que você fez por ele anos antes. Demora muito tempo até descobrirmos que há um conjunto de professores embutidos em nossas vidas e que, caso eles tenham sido verdadeiramente significativos, há uma imensa gratidão por parte dessas pessoas. Mas demora vinte anos para isso acontecer, e às vezes nem acontece. É curioso, porque ele chega e fala: "Pois é, eu sou o tal. Você se lembra de mim?" É claro que não lembramos, porque eles são uma horda que passa descuidadamente em nossa frente. Somos peças de museu, mesmo. Professor é objeto de visitação, e é por isso que ele precisa ser excêntrico, fora do normal. Mas excêntrico no quê? Na entrega a esse ato radicalmente humano que é ensinar, nas linhas e entrelinhas. Excêntrico porque, naqueles cinqüenta minutos ou duas horas semanais de sua vida, você consegue dar um basta nesse tempo raso que nos acomete. Na contemporaneidade, vivemos tudo com pressa. E o único lugar que restou para as pessoas pensarem com vagar e, quiçá, com prazer, é a sala de aula, e nenhum outro lugar. Então, tenho proposto para as pessoas uma escola minimalista. Deveríamos ensinar menos coisas, com mais cuidado e menos pressa. Isso porque o professor é, antes de tudo, um narrador do tempo. Nós somos aqueles que contam para os mais novos como o mundo era antes, como o avô e seu neto no colo. Sim, é uma espécie de colo esse, em que contamos o que os homens que nos precederam deixaram de belo ou de terrível para seus sucessores. Porque, meus caros, a única companhia de fato que temos pelos dias afora, particularmente na velhice, são as idéias dos homens pregressos sobre a vida e o mundo. As idéias dos homens que se foram são o que chamamos de matemática, física, geografia, filosofia, literatura etc. São as Artes, as Humanidades e as Ciências. E é isso que deve ser ensinado numa sala de aula, embora não ensinemos apenas isso. Ensinamos um certo prazer pela existência e um certo orgulho de ser humano; ou seu inverso absoluto. Todo educador tem de ser um sujeito apaixonado pela raça humana, que admira a raça, que luta por ela — essa convicção é a fé básica que faz alguém ser um educador. Se vocês tiverem fé de outras ordens, tudo bem, sem problema nenhum. Mas essa fé na raça humana é imprescindível. Porque fé de outras ordens sem essa convicção nos feitos humanos nada vale.

Há várias coisas sobre as quais eu ainda precisaria conversar com vocês. Por mim, eu ficaria aqui horas a fio. Mas eu preciso encerrar, e gostaria de fazê-lo com uma comparação que me parece bastante bonita e apropriada. É uma história verídica, que eu quero contar em dois minutos, sobre um atirador francês que flechava um alvo humano: sua mulher. Fez isso durante vinte anos, até que um dia a flecha transpassa o rosto dela. Nesse dia, ele abandona definitivamente sua profissão. Porque toda profissão que lida com a vida alheia, desde a culinária, passando pela arte ou pela medicina, chegando à docência, tem de ter um lema ético fundamental e, conseqüentemente, um impedimento. Ou seja, no fazer ético há uma polaridade positiva e outra negativa. A positiva é a do amor à própria vida, do amor ao mundo; a negativa é a de que jamais, sob hipótese alguma, pode colocar-se a vida do outro em risco. E colocar a vida do outro em risco é ameaçar sua potência de vida. A potência vital entra em risco quando olhamos o outro com piedade ou com desconfiança. E isso é possível constatar o tempo inteiro nas escolas. Os alunos, mesmo sem saber, estão nos colocando à prova, checando se estamos honrando esse lugar, se temos o que dizer, se estamos forjando a vida de fato, aqui e agora. Nessas horas, sempre me lembro de um pequeno trecho de uma canção do Gilberto Gil: "... os meninos são todos são, os pecados são todos meus. Deus sabe a minha confissão. Não há o que perdoar, por isso mesmo é que há de haver mais compaixão...". Pelo fato mesmo de que nada há para perdoar nos alunos, é que temos de ter mais compaixão, o que principia pela compaixão por si mesmo. E compaixão por si mesmo significa eleger a própria vida como aquela a ser vivida de novo, se houvesse essa possibilidade. Tenho sempre a sensação de que, no trabalho com os mais novos, o que está em questão é tão-somente a vida — "mais-vida", para ser exato. Comparem uma pessoa que não teve a possibilidade de ser acolhida no mundo complexo e contraditório do conhecimento e outra que teve essa fortuna. Vejam essas duas pessoas no início, no meio e no final de suas vidas. Elas terão trajetórias e desfechos completamente diferentes. Repito: o conhecimento é a única coisa que nos acompanha na velhice; são os livros que não lemos ainda; as idéias que não tivemos ainda, mas que estão lá, à nossa espera, em silêncio ansioso.

Nesse sentido, tenho sempre a sensação de que uma metáfora é absolutamente cabível sobre o trabalho docente: nós, brasileiros desta geração, estamos no olho do furacão da lenta e artesanal transição democrática. Em meu entendimento, depende desta geração de meia-idade a sobrevida da democracia. É esta geração de professores que vai construí-la, cada uma das pessoas que aqui está. É desta manhã, portanto, que emana a possibilidade de um país melhor, ou não.

Todo educador é um náufrago perdido numa ilha, que trouxe consigo lápis e papel e que passa seus dias lançando garrafas de SOS ao mar. SOS, do inglês, *save our souls*, salve nossas almas. Penso que é esse nosso trabalho. E mais: demoram vinte anos para elas voltarem. Espero que um dia possam voltar as garrafas que eu lancei aqui, hoje.

## Debate

Agradeço aos sobreviventes que voltaram para a segunda parte deste encontro. É uma honra tê-los assim em bloco. Vamos à primeira pergunta.

**Você passa a idéia de que é possível ser reconstruído e continuar abordando a vida. Adorei a forma como você falou de raça, raça humana. Pude sentir-me incluída. Digo isso porque sou negra.**

Suas palavras lembraram-me um momento muito significativo para mim, uma ocasião em que estive numa escola pública da periferia da zona sul de São Paulo. Eu estava lá falando de inclusão, esses temas que só nós parecemos apreciar. E, ao final da palestra, uma garota negra — parecia uma rainha africana, muito bonita — levanta-se e diz: "Muito bonitas as suas palavras, professor". Quando dizem isso, eu sei que a crítica vem imediatamente depois. Daí, ela continua: "Mas minha experiência me diz que...". E esse é outro sintoma de que algo perigoso está se insinuando: a idéia da própria experiência como fortalecedora exclusiva da excelência profissional. Não é pelo fato de que você coloca o sujeito para dar aula, dá a partida nele e coloca-o no piloto automático, que ele está compulsoriamente capacitado para tal. Trata-se de uma habilitação que dura a vida inteira, uma construção delicadíssima. Por isso, deveríamos desconfiar de nossa experiência, sempre. Aliás, essa é uma atitude, no mínimo, salutar perante a própria vida. Há um trecho do Pedro Nava que diz: "A experiência é um farol que só ilumina para trás". Eu gosto muito dessa idéia. De fato, nossas experiências iluminam o que vivemos, não o que viveremos, porque, se não, não há sentido em viver. Então, do alto de nossa sapiência empírica, acabamos pontificando saberes, como se a prática pedagógica trouxesse uma verdade em si mesma. Não traz. Mais ainda: o que nos constitui como categoria profissional não são nossas experiências significativas. Nós raramente as comungamos, quase nunca elas são relatadas de fato. Então, a garota-professora dizia: "Na minha experiência, uma sala de aula ou uma escola é como uma caixa de maçãs. Tem as boas e tem as podres. Se tirarmos as podres, não se estraga o resto". Imediatamente, ocorreu-me perguntar se ela tinha se esquecido de que os negros eram as maçãs podres, até ontem, da caixa escolar. Ontem foram os negros, anteontem foram as mulheres, hoje são os alunos-problema. E amanhã? Quem será? Podre é quem diz que o outro é podre. E mais: se não tivermos a disposição para a inclusão incondicional do outro, de nada valerá o que fizermos na sala de aula. "Ainda que eu falasse a língua dos homens e falasse a língua dos anjos, se eu não tivesse?" Amor. Não é caridade, não. É amor corajoso, valente. Eu sou ateu, e sabem por que sou incrédulo? Porque esses são os maiores crédulos, porque não se contentam com uma resposta fácil, cômoda. Eu deposito todas as minhas fichas na condição humana. Essa é a questão fundamental, essa é a entrelinha fundamental.

## Se a escola particular e a pública não têm diferença, podemos fechar as portas? E por que, então, a escola pública fica copiando modelos da particular?

Primeiro, não sei se isso é verdadeiro. No imaginário social, temos hoje uma cisão muito nítida de imagens entre os modelos público e privado brasileiros. O modelo público estaria completamente sucateado, deixado ao léu, enquanto o privado, em tese, o oposto disso. Não compartilho dessa idéia de cisão, como se a escola pública fosse "lixo" e a escola privada, "luxo". Escola é uma instituição sempre pública. Ela pode ter uma gestão estatal ou privada, mas ela é sempre pública. Ela é patrimônio público, e ponto final. Tanto que ninguém está habilitado legalmente a fazer a escola que quiser, porque há as políticas públicas que determinam o fazer escolar. Se gostamos ou não delas, é outro problema. De todo modo, temos uma política clara para a educação — estou falando desse conjunto de leis que vão desde a LDB até os Parâmetros Curriculares Nacionais. Curiosamente, no caso dos PCN, as escolas privadas estão se valendo deles antes mesmo das escolas de gestão estatal, para as quais eles foram idealizados originalmente. Mas há algo que diferencia as práticas públicas e privadas, sem dúvida: o fetiche do vestibular — essa chaga na educação brasileira que precisa acabar, de qualquer maneira. Não é possível estruturarmos a educação inteira de um povo tendo em vista a destinação ideal de alguns; não é possível, portanto, imaginarmos que um povo inteiro tenha de se destinar à universidade. Nos países desenvolvidos, apenas uma parcela da população freqüenta o Ensino Superior. E ele tem uma função muito específica. Aqui, a universidade é uma panacéia executora de uma série de funções paralelas. Além disso, considero injusto, incorreto e imoral estruturar a educação de um país inteiro em função de alguns. Nesse sentido, cabe pensar numa escola básica menos preparatória para os vestibulares e mais fomentadora de competências e habilidades para a convivência democrática. Isso está em curso no país, engatinhando devagar, mas um dia vingará. Por ora, precisamos enterrar o vestibular e, junto, o modelo de excelência pedagógica do professor de cursinho. Cursos preparatórios para o vestibular são uma praga entre nós. Não deveria havê-los, pelo menos não mais. E só existem ainda porque, além da oferta módica de vagas nas universidades públicas, persistimos na idéia do ensino superior como destinação ideal para todos. Não é possível que isso ocorra. Entretanto, não se pode cobrar da universidade que ela não faça vestibulares, uma vez que ela requer excelência. E mesmo entre as pessoas que cursam o Ensino Superior, grande parte das que optam por determinada carreira universitária não elegerá necessariamente o mesmo campo como carreira profissional. Eu próprio sou um exemplo. Fiz determinada graduação e atuo em outra área. Sou psicólogo de formação, mas tenho a docência como profissão. Pensando nessas questões, apresentarei em seguida trechos de um texto absolutamente contundente, uma vez que ele vai direto na jugular da escola contemporânea. É um texto intitulado "Chega de Escola" e foi publicado numa revista que se pretende um veículo da crítica esquerdista, a *Caros Amigos*. Não sei se vocês já a conhecem, é uma revista interessante. O artigo é assinado por André Forastieri, diretor de uma editora e colunista da revista. Este artigo é de fevereiro de 2001. Vejamos alguns trechos:

"Eu detesto escola. É uma perda de tempo miserável. Minha mãe me ensinou a ler, escrever e fazer as quatro operações. O resto foi aos trancos e barrancos. Fui bem na escola até o momento em que precisei começar a estudar — dali para frente foi só o mínimo de nota para passar de ano (duas vezes, raspando). Meu colegial ensinou a dar sinal de sete-copas, beber e fumar. O papel que gastei jogando batalha naval no fundão dava para reflorestar o deserto de Atacama. A besta do professor de Português, em três anos, recomendou um único livro decente: *O Apanhador no Campo de Centeio*. Detesto tanto escola que abandonei a faculdade na primeira semana. [...] Nada contra praticamente nenhum professor. Imagina, a maioria tinha muito boas intenções. Eu podia até estar naqueles anúncios da Fundação Victor Civita, ao lado de algum mestre bacana: dona Zélia, dona Aparecida, o carrasco do seu Salles. Mas é como você estar na cadeia e trombar um carcereiro gente fina: não refresca. Pelo que percebia na minha época e percebo mais ainda agora, as melhores escolas do Brasil formam uma legião de cretino semi-analfa. As exceções se devem à influência de pais e amigos, uma ou outra escola, um ou outro professor, ou acidentes genéticos. Ninguém sabe de nada, ninguém lê, ninguém escreve direito, ninguém fala em inglês, e pior: ninguém é curioso. As piores escolas, não quero nem imaginar, mas deve ser a mesma porcaria e com balas voando pra todo lado. Minha teoria é que toda escola serve para esmagar o espírito e a imaginação do ser humano para que ele se torne um escravo zumbi da sociedade. É também um lugar para os pais estacionarem os filhos durante o horário comercial. Chega dessa idiotice. A educação básica em qualquer lugar do mundo devia se limitar ao domínio da língua materna, da língua global (inglês!) e um mínimo da matemática. Dá para resolver em, no máximo, quatro anos — digamos, dos 8 aos 12 anos (antes dos 8 deixa os caras brincarem, pô). Claro, é superlegal que a garotada aprenda física, química, geografia, também é bacana ensinar a empinar pipa, andar de *skate*, nadar, reconhecer as constelações e plantar jabuticabeiras. Mas as escolas ensinam isso? Não. As escolas ensinam a decorar informações para a próxima prova. Então, chega de escola. [...] Dos 12 anos pra frente é sacanagem trancar a molecada nas salas de aula. Porque aí já é hora de enfrentar as questões fundamentais da existência. Aprender a transar, dirigir, ganhar dinheiro, cozinhar, ajudar o vizinho, se dar bem com a sogra e reconfigurar o acesso à internet. E o principal: aprender a se manter curioso. Quem é curioso lê e experimenta, pula muro, tem conversas estranhas, faz conexões, cria universos. Pensa com a própria cabeça. É o que interessa. Ok, existem escolas diferentes, mais experimentais, moderninhas e carinhas. Mas não comemore ainda, caro amigo de classe média alta. As alternativas ao sistema decoreba e imbecilizante são tão preocupantes quanto. Domina aquele papo *hippie* de contato com a natureza, de isolar ao máximo a criançada da tecnologia, da mídia e da cultura *pop*. Me arrepia os cabelinhos da nuca. [...] Qualquer um que escancarar para a molecada que o bacana é ser esquisito e encrenqueiro tem o meu apoio. A tecnologia e a cultura *pop* são as grandes equalizadoras. Graças a elas é que vamos ficando mais iguais que diferentes, em cada canto do planeta, em cada ponta das classes sociais. Você já reparou que o conjunto de coisas que a gente tem que saber em 2001 é absurdamente maior que na juventude da sua avó? Quem foi que te ensinou a tirar o dinheiro do caixa automático, programar o videocassete e reformatar o *hard disk*? [...] E a formação clássica, uma base geral de Ciências, Artes e Humanidades, não faz falta para lidar com o mundo moderno? Não, não faz nenhuma. Talvez faça para lidar com o mundo eterno — mas aí, como dizia uma professora pernóstica que eu tive, estamos invadindo os limites do imponderável. Não precisa saber tudo, sobre tudo. Nem dá. O conhecimento total da humanidade, no momento, dobra a cada seis meses. O ritmo acelera loucamente. Um desses gênios do MIT (Massachusetts Institute of Technology) garante que vai dobrar a cada segundo a partir de 2017. Num mundo desses, o que é formação clássica, o mínimo indispensável? Virgílio? Física de partículas? O fato é que qualquer um que passe o fim de semana assistindo à Globo vai aprender mais sobre o mundo do que 99 por cento dos seres humanos que já viveram nesse lindo planetinha. Enquanto isso, sociólogos e pedagogas garantem sua graninha com projetos paternalistas e esse punhetol de 'resgatar a cidadania'. Li metade de *Pedagogia do Oprimido* aos 18 anos, não entendi um quarto, mas gostei. Aprendi que a educação tem de ser feita em cima da vida, dos interesses, sonhos e necessidades de cada um; que ninguém ensina nada, a gente é que aprende ou não; e que educação é uma ferramenta para você descobrir qual o seu lugar no mundo, descobrir quem está te fodendo e reagir. Ouvi falar que tem uma ONG usando o método do Paulo Freire para ensinar informática para favelados, com dinheiro de multinacionais da pesada. Parece ótimo, divertido e vai acabar dando uma boa briga. Vou descobrir mais — se por acaso encontrar uma escola que presta para alguma coisa, aviso."

Sabe o que é mais complicado nesse texto? O fato de que nós, profissionais da educação, não conseguimos discordar dele, pelo menos em parte. E o que o autor está lembrando aos leitores? Uma pessoa, por sinal, que nada tem a ver diretamente com escola, uma pessoa da mídia, da esquerda, da ponta do pensamento. Ele está apontando que a escola que fazemos não tem o mínimo sentido — o mesmo que os alunos dizem com freqüência. Tanto que se você fizer uma enquete entre eles, você vai descobrir que 99% das crianças adoram freqüentar a escola. Adoram e detestam. Eles adoram a escola, mas detestam as salas de aula. Por quê? Porque elas não dialogam com o mundo. Aliás, elas nunca dialogaram com a vida concreta. Eu aprendi matemática com a promessa de que aqueles conteúdos seriam úteis em algum concurso. "Meu filho, estude equação de segundo grau porque isso cai no concurso do Banco do Brasil." Minha geração foi ludibriada, porque funcionalismo público não é mais carreira de futuro. E aí? Tivemos uma educação escolar de um modo e estamos tendo de fazer outra de modo completamente diferente — o que é uma honra e um fardo, já que nem sempre estamos dispostos a transformar as salas de aula em lugares que façam sentido, já que muitas vezes elas não têm sentido nem para nós. Eu aciono o piloto automático, dou minha aula e pronto, sem nunca me indagar sobre os fins daquela ação. Afinal de contas, no que o autor do texto leva o leitor a acreditar? Que Artes, Ciências e Humanidades não fazem diferença na vida de uma pessoa, e que a questão fundamental da vida contemporânea é o domínio da cultura *pop*, o presente, as informações. Mas ele pode afirmar algo do tipo, porque freqüentou uma escola clássica. Esse é o aspecto "pernóstico" desse texto, porque pernóstico é o autor também. Ele certamente coloca seu filhinho numa escola carinha, experimentalzinha, moderninha. Isso porque, de uma maneira ou de outra, todos partilhamos de um consenso: as pessoas sem uma escolarização significativa não têm possibilidade de existência concreta no mundo *pop*, da informação, seja qual for o nome que se dá ao presente.

O problema é a hipocrisia reinante em relação à idéia de educação. Colocamos os filhos na escola, pensamos que educação é fundamental, só que não sabemos direito o que está sendo levado a cabo lá, e muito menos para que aquilo serve. Quando o trabalho escolar não se destina ao vestibular, ele vislumbra a obtenção de uma folha de papel chamada diploma. À moda de trinta anos atrás, resiste uma escola cujo sentido surgirá depois, algum dia, quem sabe. Ora, enquanto tivermos uma educação que não dialogue com o mundo que aí está, não conheceremos escola de fato. A educação é um dos campos sociais — vejam que coisa espantosa! — em que a legislação é mais rápida do que as próprias práticas. Na maioria dos outros campos, as leis não são simultâneas à velocidade das transformações concretas. Na educação, não. Podemos gostar ou não das leis, ter críticas ou não a elas, mas temos uma política pública clara com relação à educação. Por exemplo, qualquer pessoa de bom senso não pode desconsiderar os Parâmetros Curriculares Nacionais. Isso devido a algo muito interessante que há lá: os Temas Transversais. E o que eles representam? O tangenciamento dos assuntos do mundo atual, por exemplo, a questão da orientação sexual. Os alunos querem discutir sexualidade; eles só pensam nisso. É a época da vida em que os hormônios estão a mil. Ora, um dos eixos do tema sexualidade nos PCN é o das relações de gênero. A pergunta passa a ser: É possível ensinar história a partir das relações entre homens e mulheres? Por que não? Aprofundemos um pouco mais: um simples copo, uma folha de papel, ou qualquer outro objeto, têm a ver com história? E com a química? Com a física? A literatura, a filosofia? Seria possível, portanto, estruturar uma aula ou um curso de qualquer interesse a partir de um copo ou de uma folha de papel? Claro que sim — a não ser que não se queira ver. A bem da verdade, os campos de conhecimento são tão-somente modos de olhar a vida e o mundo. E são modos diferenciados de interpretar a vida e o mundo que precisam ser ensinados. No entanto, a cognição humana é extremamente limitada; as informações precisam ser dispostas em rede, e essas redes são articulações de nossos "diretórios" fundamentais: as Artes, as Ciências e as Humanidades. É isso. O conhecimento formal é o único legado dos milhares de gerações que nos antecederam. Elas legaram o relato de suas descobertas. O ato de narrá-las intitula-se educação.

A partir de um determinado momento na história dos homens, o que eles foram construindo era impossível ser armazenado por um só, em geral, o mais velho. Era o ancião que contava as histórias daquele povo. Hábito imemorial, a imersão no relato sobre os antepassados e seus feitos é, hoje e sempre, o que nos constitui como espécie singular. O que fazem os membros de uma família, por exemplo, quando se reúnem nas festividades de fim de ano, quando se somam os avós, os tios e os primos? Eles compartilham os casos daquelas pessoas que se irmanam pelos sobrenomes. Eles narram a mitologia familiar, os feitos que possibilitam àquela família ter uma certa coesão, uma história comum para lembrar e recontar para os mais novos. Coisa semelhante acontece na educação escolar. O que nos transforma em homens é a possibilidade de lembrar e recontar as histórias humanas. E a escola é o lugar das histórias que não têm a ver apenas com os meus, mas com a família humana, com a raça humana. Porque Van Gogh, Shakespeare e Einstein têm a ver conosco. E uma vida com sua companhia é completamente diferente daquela desacompanhada deles. A grande alegria de viver — se existe, e deve existir — está na possibilidade de degustar os fatos humanos, de aprender a se deliciar com um belo texto, ou com uma idéia inusitada, ou, pelo menos, de abrir o jornal e ter à sua disposição algumas ferramentas para decodificar os significados do Projeto Genoma, dos conflitos em Israel ou do efeito estufa. Portanto, na escola não ensinamos o que as coisas dizem, ensinamos o que elas querem dizer. Por isso, a escola é o lugar do bom e velho passado.

Portanto, o autor tem e não tem razão no texto "Chega de Escola". Porque, na crítica que tece, ele está destituindo a condição humana da possibilidade de experimentar uma vida inteligente em sua passagem pelo mundo. A única diferença é que essa passagem é relativa. Eu não sei de onde eu vim e não sei para onde vou, mas eu tenho o benefício da dúvida. Porque se chegarmos juntos no final e não houver nada, eu direi: "Está vendo? Eu já sabia". Se houver outras coisas, eu direi: "Ufa! Que bom. Eu estava errado".

## Como a opressão silenciosa que inibe, e reprime, e aliena, e mata o cidadão pode ser combatida pelos professores enquanto cidadãos formadores, uma vez que fazem parte do mesmo sistema?

A única saída é ensinar o outro a pensar. Se existe alguma forma de vida inteligente neste planeta, ela está no mundo das idéias, na efervescência das idéias. É a possibilidade, por exemplo, de fazer filosofia a partir de um copo de água. Então, esse pasmo fundamental — essa espécie de brincadeira exclusivamente humana — é a única ferramenta que temos mediante os contrasensos do mundo. Em meu entendimento, a escola é o último lugar de resistência que restou na sociedade alucinante em que estamos vivendo, rápida demais em tudo. Tudo o que está em construção já está em ruína. As coisas nem acabaram de se gestar e já estão obsoletas. Isso remete àquilo que eu dizia sobre o tempo raso. Nós vivemos nossas vidas atualmente num tempo raso. Vocês já perceberam como os dez últimos anos passaram tão depressa? Eu fecho os olhos e tenho 17 anos; abro e tenho 37. Se eu fechá-los com 37, quantos anos terei quando os abrir de novo? Nas últimas décadas, começamos a evaporar no tempo. Isso significa que a experiência existencial está ficando muito fugaz. Mais: algo parece estar faltando sempre. Então, só há uma maneira de romper com esse tempo raso: o tempo da pressa. As pessoas têm estado com muita pressa. A única possibilidade mediante esse estado de coisas é a de degustar a vida, fazendo uma coisa de cada vez, e de maneira aprofundada, morosa, significativa — por exemplo, como quando dois velhos amigos se encontram e passam horas conversando. São aqueles *flashes* do tempo em que se sente que ele pára por uns instantes, e que não se quer estar em nenhum outro lugar. São aqueles lapsos temporais em que se estanca a loucura contemporânea de ser sempre mais e melhor.

Reparem. Vivemos hoje um paradoxo absurdo: ninguém é feliz com seu corpo, com o *quantum* de sua sexualidade, com seu trabalho, com seus sonhos. Ninguém é feliz; ninguém mais consegue ser feliz. Por exemplo, todas as pessoas aqui nesta sala estão em dívida com relação à leitura. Todas sentem que deveriam ler mais, saber mais. Eis uma sensação que não se pode evitar, uma vez que o mundo atual é de uma velocidade acachapante. O volume de coisas escritas é tão grande, tão grande, que o montante de informações hoje dobra a cada seis meses, e dobrará a cada segundo a partir de

2017 — como diz o texto da *Caros Amigos*. Por essas razões, considero que o papel do professor será parecido com o do avô mítico, que coloca o neto em seu colo e conta as histórias do passado. Não precisamos de internet em sala de aula. Pode até haver, mas não faz diferença. Na verdade, a razão que amalgama professores e alunos é a narrativa do tempo — o que ocorre quando conseguimos romper o tempo raso e trafegar no tempo moroso, dilatando as coordenadas de espaço e tempo. E o que isso significa? Há algumas experiências que proporcionam essa dilatação: a droga, a paixão, o poder, o conhecimento. Trata-se das ocasiões em que se consegue afrontar, de algum modo, a fatalidade de estarmos encarcerados nesse tempo e nesse espaço. O problema da droga, por exemplo, é o de que, por mais que brademos o contrário, a juventude se drogará. E sabem por quê? Porque ela não dá conta de viver na insignificância produzida pelo volume crescente de interpelações da vida contemporânea. Então, a resposta da droga é uma alternativa para aqueles que não têm à disposição outras respostas possíveis. Quais outras, por exemplo? A idéia de "viajar", de romper com este mundo hiperinflacionado de apelos. Já escrevi sobre isso num livro que organizei sobre drogas, no qual analiso o bordão "ler é viajar". A experiência da leitura é uma experiência de dilatação, traduzida na idéia da viagem. É uma experiência, em sua raiz, parecidíssima com a da droga, ou iluminação religiosa, ou paixão sensual. São experiências de transcendência, em última instância. O problema é que a droga faz transcender, só que catapulta o sujeito para o mesmo lugar de onde ele saiu — esse é seu engodo. Em contrapartida, a leitura sempre o enviará a outro lugar completamente insuspeito, de onde nunca mais se volta o mesmo. Eis a única companhia que temos, de fato, durante a existência: a possibilidade de metabolizar, no plano do pensamento, os acidentes que a vida nos vai obrigando a encarar. Isso porque a vida é uma coleção de acidentes. Tudo se vai, derroca, degenera. O corpo vai-se, os amores vão-se, os entes queridos vão-se. Eles têm de ir. E o que se tem como companhia nessas horas? Por exemplo, a traição amorosa. Todos, mais cedo ou mais tarde, sentimo-nos traídos. O Otelo também. Um enredo banal convertido em literatura universal. Uma companhia espetacular nas horas difíceis, não é mesmo? Eu próprio descobri essa potência da literatura quando, aos 30 anos de idade e pela primeira vez na vida, fui ler Guimarães Rosa. Aí pensei: "Pena eu não ter conhecido isso antes. Quem sabe minha vida teria sido outra se eu tivesse conhecido Guimarães Rosa antes".

Voltando à questão inicial, como combater essa opressão silenciosa? Exercendo esse ato corajoso, meio patético até, no mundo contemporâneo, que é o de pensar em alto e bom som. Pensar em voz alta perante outrem. O outro só aprende por ressonância. É uma bela idéia essa! As ondas que emanam de você batem no outro, e então ele se apercebe que ali há um rasgo de sentido no viver. É nesse diapasão secreto que o outro dialoga conosco.

### A sociedade atual, capitalista, está levando a uma competição entre professores para manter seu emprego. Também as direções de escolas entram na competição para manter ou aumentar o número de alunos. Como trabalhar uma ética no contexto atual?

Não sei, acho que esse é um dilema da escola particular. Entre os professores, todos sabemos no que isso dá: ele vira "bacana". Professor bacana não é professor ético, não. Em geral, ele é bem "sacana". Porque é nossa obrigação imprimir uma diferença nos alunos, mesmo que eles não se dêem conta dela na altura da vida em que se encontram. Penso que a única demanda deles é a seguinte: "Dêem-me certezas" — até para serem recusadas depois. Nós próprios abdicamos das certezas de nossos pais, mas eles não se negaram a ofertá-las. O impasse da geração atual de pais e professores é que ela não assume a parcialidade de suas verdades. Verdades são sempre parciais; ninguém mais sabe direito o certo e o errado. Pergunte a uma mulher hoje se ela é uma boa mãe, e ela responderá: "Não sei, acho que sim, tento ser". Ela não conta com um modelo fixo de ser mãe, o que revela uma angústia que a mãe dela não teve. Isso porque ser uma boa mãe era repetir o modelo da mãe dela. Essa geração recusou esse moto-contínuo. De modo análogo, ser um bom professor era ensinar à imagem e semelhança de seus professores, o que não é mais possível no mundo contemporâneo. É preciso lembrar que essas tantas transformações foram realizadas por nossas próprias mãos. Mora aí nosso impasse ético: queixamo-nos do mundo contemporâneo como se ele fosse alheio a nós. Ora, nossa geração assim o fez, e hoje está tendo de arcar com as conseqüências disso. Entretanto, temos de reconhecer que arcar com isso não é tão pesado assim. Assumir o lugar de autoridade é algo reconfortante, mesmo que você titubeie, mesmo que você se equivoque às vezes. Ofertar modelos identificatórios para o alunado é uma tarefa inevitável. O grande problema é que não colocamos a cabeça a prêmio. E se não nos dispusermos a tal em nossa profissão, de que valerá a vida? Sempre esperamos uma grande consciência, um grande político, um grande teórico, alguém que venha salvar-nos. Cidadania democrática não combina com isso: ela reclama participação, equacionamento da parte que nos cabe. O problema é sempre acharmos que o outro tem de fazer sua parte antes. Um exemplo bastante corriqueiro nas escolas: "Eu só dou aula para quem sabe o que está fazendo lá, que tem responsabilidade". Ora, mas somos nós que fundamos isso no outro. Então, tenho cá comigo a convicção de que sempre se começa do zero. Todo primeiro dia de aula é um rito. Eu tenho proposto a idéia de contrato pedagógico. Isso porque tudo na vida é contratualizado, todas as relações são contratualizadas. Por isso, uma das idéias com as quais venho trabalhando, em relação ao universo da ética, é a de confiança. A ética só se presentifica quando o outro confia em mim, e vice-versa. E o que significa confiar em alguém? Ter certeza de que ele está agindo tal como acordamos, seja de modo explícito, seja de modo implícito. Exemplos? Compromisso de compra e venda é um contrato explícito, documentado. Relação entre mãe e filho é igualmente um contrato, mas não está escrito em lugar nenhum. Como as mães devem agir? Em nenhum lugar se diz isso. E a relação professor–aluno? Sempre me perguntam se deveria haver um código de ética de educadores. Eu digo que não. Porque onde houver um código de ética, saímos do campo da ética e entramos no campo da lei. A lei é prescritiva e normativa. A ética, em contrapartida, diz "sim", o que se espera que se faça. Então, quando evoco a idéia de contrato pedagógico, não me refiro àquela famigerada lista dos dez mandamentos escolares, do que é proibido em sala de aula: "Não gritar; não correr; não comer; não desacatar etc.". Não é disso que se trata aqui. O contrato remete à partilha de uma certa visibilidade sobre o que estaremos fazendo durante o tempo em que estivermos juntos — coisas prosaicas, absurdas até. E para que ele possa ser celebrado, o primeiro passo aponta para as apresentações — não só os nomes e histórias, mas a proposta em questão, o que se pretende lá, o que significa aquele campo de conhecimento para seu porta-voz. Isso implica, de certo modo, a narrativa das histórias pessoais, o que todos fazemos quando conhecemos alguém pela primeira vez. Sabiam que há crianças que, em meados do ano letivo, ainda não sabem o nome de seus professores? A proposta do contrato é simples. Ela tem a ver com a elucidação de seus objetivos e dos requisitos para que aqueles se cumpram a contento: "Eu pretendo fazer A, B e C, e, para que isso aconteça, é importante que façamos X, Y e Z, por causa disso, disso e disso". Por essa razão, disciplina é decorrência, conseqüência, nunca pré-requisito para o bom rendimento escolar. Quando o outro se vê envolvido numa proposta clara e razoável de mundo, a sala de aula converte-se num jogo para eles — o que, em alguma medida, deveria ocorrer conosco também. Por exemplo, esse negócio de montar e desmontar números, ir para baixo e para cima, inverter, voltar etc. é uma espécie de brincadeira para quem está aprendendo. Nas entrelinhas, os alunos estão brincando de aprender a ser humanos, e nós também. Se não for assim, só nos sobram as duas brincadeirinhas que todos já sabemos fazer, que ninguém precisa aprender: sexo e violência. Todo resto precisa ser construído e pode ser construído.

## PROFESSOR JULIO, FALE UM POUCO MAIS SOBRE COLOCAR POESIA NAS CIÊNCIAS EXATAS.

As pessoas das Ciências Exatas, por exemplo, que cursam matemática ou física, raramente querem ser professores de matemática ou de física. Mas elas acabam morrendo na praia pedagógica, porque não há outra vazão profissional. Então, elas convertem-se em professores, ainda sonhando ser cientistas. Entretanto, é preciso lembrar que a ciência, como um discurso, em nada se diferencia da história, da literatura ou da filosofia. Ela é um discurso que, na atualidade, é muito valorizado, porque carrega um sotaque de verdade. Não era assim na Idade Média, não será assim daqui a duzentos anos. A ciência será suplantada pela tecnologia. Mas a ciência é também a caçula das narrativas humanas. Por isso, ela é pretensiosa, uma vez que é uma das modalidades de conhecimento mais recentes, em termos históricos. A filosofia, por exemplo, dá conta de um campo muito mais vasto de inflexões existenciais. Então, penso que colocar poesia nas Ciências Exatas é ensinar o inusitado sobre o mundo dos homens. Porque as Ciências Exatas se debruçam sobre este mundo, e ele é tão complexo. Por exemplo, o tema transversal "meio ambiente" é uma boa ocasião para conferir um outro sentido às Ciências Exatas, para além da cópia das velhas fórmulas matemáticas. Isso porque duas são as grandes questões na vida: o mundo e os homens, ou seja, o mundo natural e as relações entre os homens. E é sobre ambas que as Artes, as Ciências e as Humanidades debruçaram-se. É isso que ensinamos na escola. Se não, a vida no planeta empobrece assustadoramente.

### ESTAMOS SENDO ENVOLVIDOS COM MODERNAS TECNOLOGIAS QUE PARECE QUE VÃO SALVAR A EDUCAÇÃO. É POSSÍVEL PASSAR AS ENTRELINHAS POR LÂMINAS OU OUTRAS TECNOLOGIAS?

Não, não é! Tanto que eu vejo com olhos muito reticentes a idéia da tecnologia na educação. Não faz mal, mas é como conhecer alguém via computador — um índice da solidão do homem contemporâneo. E a relação professor–aluno, como toda e qualquer relação humana, requer envolvimento. Às vezes, sabe-se o que o outro demanda só pelo olhar. Então, quando você estiver passando perto dele, pegue em seu braço e pergunte: "Tudo bem com você?". Só isso já sossega uma manada de búfalo.

Eu faço um exercício interessante quando eu estou formando meus alunos: eles fazem uma entrevista com o aluno mais odiado da escola pelos professores. Sabem o tal aluno-problema? Aquele que, associado ao termo "psicologia", excita os professores. É abelha no mel. Isso porque está muito difundida a idéia de que os psicólogos podem salvar as escolas. Um equívoco perigoso, em meu entendimento. Aliás, uma das obrigações que eu às vezes imputo a meus alunos é a de eles lerem *O Alienista*, uma obra do Machado de Assis escrita no século XIX. Ele já nos estava alertando para a praga da psicologização do cotidiano. Indico *O Alienista* para vocês também.

Então, meus alunos têm de fazer uma entrevista com esse aluno-problema. E eu faço uma aposta com eles no começo do semestre, que eu nunca perdi até hoje: de que os alunos problemáticos, mais terríveis, mais indisciplinados, vão dizer que gostam de um professor, por um lado, rigoroso, severo, com rédea curta, e, por outro, que saiba o que está fazendo lá, que goste de sua profissão, que tenha competência para estar lá. Por outro lado ainda, terceiro requisito — unânime, este é o sonho pedagógico dos considerados piores alunos —, que seja bacana, solidário, amigo. Mas o que eles chamam de amigo, cuidado! É um blefe. É possível e necessário ser próximo, mas sempre preservando a diferenciação dos lugares. Esse é o equívoco que eu estava apontando nos professores que têm medo de perder seu emprego, que precisam ser benquistos por seus alunos. Gostaria de lembrar que somos benquistos pelo que fazemos, e não pelo que supostamente somos. De mim vocês não sabem nada, do mesmo modo que não sei nada de vocês, e não temos de saber nada sobre a vida particular de ninguém. Porque professor é extremamente bisbilhoteiro: "Eu ensino; se ele aprende é porque eu ensinei; se ele não aprende é porque ele tem algum problema". É aí que entra o psicologozinho canalha de plantão: "Tudo bem na sua casa? E o seu pai, tem aparecido, parou de brigar com sua mãe?". Sabe aquela história da professora divorciada que julga que o problema de seus alunos tem a ver com o número crescente dos divórcios? Ela pode, os outros não. Isso porque nossos filhos são ótimos, vão muito bem, muito obrigado. Agora, os dos outros... É, de fato, o inferno são os outros.

**Levando em consideração a visão de ética, seriedade e compromisso, qual a hipótese de romper ou, melhor, ampliar a visão e fazer com que o professor, enquanto agente educador, possa se permitir e perceber outros ângulos da possibilidade de seu trabalho pedagógico, já que isso não é possível de ser dado e, sim, construído nos confrontos?**

Construímos um casamento, por exemplo, mais nas brigas do que nos dias de bem, quando está tudo em ordem. O mesmo acontece na sala de aula. Só que nós precisamos aprender a nos diferenciar profissionalmente. E, nesse sentido, eu delicio-me com os conselhos de classe. Eles são um dispositivo espetacular porque, por meio deles, descobrimos que aquele aluno que é um "horror" com determinado professor é ótimo com outro. Talvez devêssemos aprender um pouco mais com, por exemplo, os professores de educação física. Sabem por quê? Porque eles não são considerados uma parcela subalterna do professorado, uma vez que supostamente não fariam conhecimento de verdade. Mas é conhecimento sim, porque é legado humano e porque o corpo e o movimento precisam ser alfabetizados. Esses professores têm uma coisa interessante, que é a seguinte: como se ensina alguém a nadar? Você coloca o braço direito em sincronia com a perna esquerda e, enquanto você vira, você coloca o braço esquerdo em sincronia com a perna direita, e assim sucessivamente. Então, você atira a pessoa dentro da água e espera para ver o que acontece. Faz sentido isso? Ao contrário, você tem de ir fazendo junto, no ato. É por isso que os alunos gostam de educação física, porque, de uma maneira intuitiva, seus professores equacionaram os princípios construtivistas. Vocês sabem que todo mundo é construtivista? Não há mais uma viva alma no país que não seja construtivista; ninguém mais é tradicionalista. Todos são construtivistas de lousa, cópia, questionário e avaliações objetivas ao final do bimestre. É o construtivismo à brasileira. Retomando, os alunos gostam de educação física porque ela é jogo, em ato, em ação. O mesmo pode acontecer com a matemática, a literatura ou a biologia. Se os professores e seus alunos não puserem seus corpos lá, não há matemática, nem literatura, nem biologia. Então, de alguma maneira, os professores de educação física sabem o segredo da esfinge pedagógica contemporânea, embora muitas vezes nem se dêem conta disso.

**Você conhece o medo de ser diferente em uma escola particular? Isso faz com que muitos professores se apresentem com um papel na escola. São personagens diferentes daquele que representam na vida. Sabe por quê? Uma sala de professores é uma seara de desilusões, um muro de lamentações, um poço de ódio contra os alunos. É claro, há também o ódio contra diretores e coordenadores etc., que insistem em não fazer nada contra os alunos. Então, se você disse que adora ser professor e gosta de seus alunos, todos que estão naquela sala olham para você como se você fosse um marciano; não, um plutoniano —**

**Particularmente, acho os plutonianos mais esquisitos que os marcianos. E aí, como derrubar as máscaras sem perder o emprego?**

Se eu conheço o medo de ser diferente? Todo dia eu acordo com ele. Eu conheci esse medo aqui hoje, enquanto pensava sobre todas as coisas que eu não poderia dizer aqui. Mas depois eu me esqueci dele. Entendeu como se faz? Muitas vezes, o inimigo mora dentro de nós mesmos. Seja livre. Você só tem essa vida, e ela escoa muito depressa. Outra coisa: você já é ótimo e não sabe. Só falta um pouquinho para atingir a maturidade profissional. Esta se atinge quando você pára para comprar as madrepérolas, os corais, os âmbares, os ébanos, e quando vai para o Egito aprender com os que sabem muito. Boa viagem, então. Muito, muito obrigado a todos.